Dados Internacionais de Catalogação na Publicação (CIP)
(Câmara Brasileira do Livro, SP, Brasil)

Silva, Solimar
Oficina de escrita criativa : escrevendo em sala e publicando na *Web* / Solimar Silva. – Petrópolis, RJ: Vozes, 2014.

Bibliografia.

5ª reimpressão, 2023.

ISBN 978-85-326-4697-2

1. Aprendizagem 2. Escrita 3. Leitura 4. Pedagogia 5. Prática de ensino 6. Professores – Formação profissional 7. Textos I. Título.

13.10894   CDD-418

Índices para catálogo sistemático:

1. Leitura e produção textual : Linguística
418

Solimar Silva

OFICINA de ESCRITA Criativa

Escrevendo em sala de aula e publicando na WEB

EDITORA VOZES

Petrópolis

© 2014, Editora Vozes Ltda.
Rua Frei Luís, 100
25689-900 Petrópolis, RJ
www.vozes.com.br
Brasil

Todos os direitos reservados. Nenhuma parte desta obra poderá ser reproduzida ou transmitida por qualquer forma e/ou quaisquer meios (eletrônico ou mecânico, incluindo fotocópia e gravação) ou arquivada em qualquer sistema ou banco de dados sem permissão escrita da editora.

CONSELHO EDITORIAL

Diretor
Gilberto Gonçalves Garcia

Editores
Aline dos Santos Carneiro
Edrian Josué Pasini
Marilac Loraine Oleniki
Welder Lancieri Marchini

Conselheiros
Elói Dionísio Piva
Francisco Morás
Ludovico Garmus
Teobaldo Heidemann
Volney J. Berkenbrock

Secretário executivo
Leonardo A.R.T. dos Santos

Editoração: Maria da Conceição B. de Sousa
Diagramação: Alex M. da Silva
Capa: WM design

ISBN 978-85-326-4697-2

Este livro foi composto e impresso pela Editora Vozes Ltda.

Sumário

Apresentação, 9
Parte I, 13
    Capítulo 1 Produção textual x redação, 15
      1.1 A avaliação das produções textuais, 16
    Capítulo 2 Gêneros e ensino, 20
      2.1 Os Parâmetros Curriculares Nacionais (PCNs) – Gêneros no contexto ensino-aprendizagem, 20
      2.2 Processos de escrita, 21
    Capítulo 3 Alfabetização e letramento digital, 23
Parte II, 27
    1 Desenhando e escrevendo, 29
    2 Objetos na mala ou na sacola, 31
    3 Começo..., 33
    4 O meio..., 35
    5 O fim, 37
    6 Acróstico, 39
    7 Propaganda, 42
    8 Cartaz dos sonhos, 44
    9 Resenha de filme ou livro, 46
    10 Tribunal do júri, 49
    11 Frases embaralhadas, 51
    12 Autobiografia, 53
    13 Deu a louca nos contos de fada, 55
    14 Poemas, 57
    15 Uma novela, 59

16 Telejornal, 61

17 Uma carta ao futuro, 63

18 Estou à venda, 65

19 Receita, 67

20 *Frankenstein*, 69

21 História em cartazes, 72

22 Uma letra só, 74

23 Vários gêneros, 78

24 Direitos e deveres, 80

25 Revista, 82

26 Filme mudo, 84

27 Continue o filme, 86

28 Meio do filme, 88

29 Histórias em quadrinhos, 89

30 Currículo da mamãe, 91

31 O que você faria se...?, 93

32 Diálogos (im)prováveis, 95

33 Letra de música, 97

34 Paródia, 99

35 Aumente um ponto, 102

36 Manual de instruções, 104

37 Bula de remédios poderosos, 106

38 Provérbios, 108

39 Concurso de oratória, 112

40 Letras de música II, 114

41 Mesma história, diferentes fontes, 116

42 Uma imagem provoca mil palavras, 118

43 Tirinha cômica, 120

44 Parafraseando, 122

45 Dicionário pessoal, 124

46 Relatório de uma visita, 126
47 Resumo, 128
48 Notícias da escola, 130
49 Banco da literatura universal, 132
50 A história do nome, 134

Referências, 137

Sites *sugeridos para se publicar na* Web, 143

Apresentação

Dados de pesquisas nacionais e internacionais apontam que o Brasil é um país que lê mal. Lendo pouco, a escrita fica comprometida. Escrever sobre o quê e o que escrever?

Até pouco tempo, a escrita no espaço escolar ficava circunscrita às redações, cujo objetivo era produzir textos para serem corrigidos pelos professores de língua portuguesa em seus aspectos ortográficos e gramaticais. Não havia a preocupação com um público-alvo verossímil, as ideias dos alunos não eram foco principal do texto e a posterior publicação era, na maioria das vezes, inexistente.

Muitas pessoas, mesmo depois da fase escolar, alegavam sofrer da "síndrome do papel em branco", aquela sensação de não ter o que dizer diante de uma folha em branco que aguardava que os alunos despejassem nela suas ideias sobre determinado tema, geralmente em forma de um tipo textual, principalmente narração e dissertação.

Outra preocupação inexistente era o foco com a produção de gêneros discursivos específicos: carta, bula, bilhete, poema, conto, artigo científico, manual e uma infinidade de outros. Com os estudos linguísticos mais recentes e a preconização de que o ensino de uma língua deve levar em consideração o aumento na competência de se expressar através de gêneros discursivos, o professor de Língua Portuguesa vê-se com a tarefa de formar leitores e escritores mais proficientes a partir da exposição a um número cada vez mais crescente de gêneros.

A proposta deste livro é exatamente auxiliar o professor na tarefa de levar seus alunos a produzirem textos mais significativos e em um ambiente que permita a criatividade, a espontaneidade e a autoconfiança para escrever. Aliás, o objetivo principal deste livro é proporcionar momentos de escrita criativa, que desobstrua medos e inseguranças.

Na primeira parte, apresentamos o arcabouço teórico que norteia o trabalho de produção textual no espaço escolar, rompendo de vez com o ranço das "redações", as quais, muitas vezes, limitavam a criatividade, restringiam o poder de expressão dos alunos e, invariavelmente, tinham como foco a produção de tipos textuais descontextualizados, sem ter em mente um gênero específico, o público-alvo para quem se escrevia, nem mesmo uma motivação para a escrita. Os textos eram lidos e corrigidos apenas pelo professor e, em muitos casos, sequer eram reelaborados para que o aluno progredisse em sua competência escrita. Apresentamos também o conceito de gêneros, explorando com detalhes a questão dos gêneros discursivos e do ensino de escrita com base nos gêneros, os quais são sócio-histórico-culturalmente situados. É importante que nossos alunos aprendam a escrever de acordo com a situação que desejam comunicar e ao público que vai receber suas palavras. Isso vai fazê-los utilizar os recursos da língua portuguesa muito mais eficazmente.

Ao falar em produção textual aqui neste livro, temos em mente práticas significativas de escrita em que os alunos terão um público leitor que não apenas e exclusivamente o professor de Língua Portuguesa. Aliás, como este livro foca principalmente na produção escrita criativa, pode ser que muitos gêneros estejam sendo deixados de lado. Assim, convém ressaltar que as ideias propostas na segunda parte do livro não pretendem esgotar as possibilidades de produções textuais, o que seria impossível. As sugestões apresentadas podem servir como fagulhas para desencadear muitas outras ideias e sugestões de escrita criativa em sala de aula.

Como neste livro temos a preocupação de os textos serem publicados e, assim, atingirem um número maior de leitores e, para isso, utilizamos os recursos da *Web 2.0* para a publicação destes textos, o capítulo quatro objetiva apresentar a noção de letramento digital e a necessária inclusão digital na era do conhecimento e da informação na qual vivemos. Esperamos contribuir com uma breve discussão da necessidade de o professor e os alunos de língua portuguesa estarem engajados em práticas discursivas que utilizem os meios eletrônicos, a fim de evitar o analfabetismo ou iletramento digital. Dessa forma, pretendemos que os gêneros eletrônicos também façam parte das produções textuais dos alunos em nossas escolas.

Na parte II, apresentamos cinquenta propostas de produção textual que podem ser realizadas em sala de aula, com pouquíssimos recursos, muitos dos quais pedem apenas papel e caneta para sua produção. Entretanto, para cada sugestão de escrita, propomos uma ideia de publicação na *Web*, através de canais gratuitos, muitos dos quais bastante difundidos e conhecidos tanto pelo corpo docente como pelo discente.

Entre essas ferramentas, destacamos o *Blog* da turma, que o professor pode criar para cada turma ter um espaço de interação, postagem de textos e publicação de trabalhos; *YouTube*, para trabalhos que exijam a publicação de imagem e som; *Glogster*, para a criação de pôsteres digitais; *Prezi* e *PowerPoint*, para textos que podem ser organizados em formas de apresentações do tipo *slides*; *Wallwisher*, que serve como um mural do grupo que o professor criar; *Google Drive*, aplicativo parecido com o pacote *Office*, que permite a produção e compartilhamento de textos de forma colaborativa, sem precisar que sejam salvos os documentos no computador, facilitando que os textos produzidos sejam acessados em qualquer lugar e a qualquer momento. Sugerimos também a criação de um grupo no *Facebook*, rede social com maior número de adeptos no mundo inteiro e que permite a criação de grupos separados e a postagem de textos hipermidiáticos, tais como textos impressos, sons, imagens, vídeos etc. Por fim, há tarefas que podem ser publicadas em formato de *e-Books*, tanto em pdf quanto em

PowerPoint, e disponibilizadas para *Download* no *Blog* da turma, no grupo do *Facebook* ou *sites*.

Objetivamos, com essas sugestões de produção escrita e sua posterior publicação, que os textos produzidos em sala de aula não fiquem restritos a esse espaço, tampouco tendo como público leitor apenas o professor de Língua Portuguesa. Os próprios alunos podem servir como leitores críticos, revisores e editores dos textos antes de sua publicação final através de uma dessas ferramentas sugeridas nas atividades, ou através de outras de escolha do professor ou dos próprios alunos.

Desejamos que as ideias deste livro inspirem produções textuais mais significativas e criativas. Que professores e alunos mantenham registro de suas produções e que publiquem, cada vez mais, conteúdo de qualidade na *internet*, democratizando o acesso e o compartilhamento de ideias que valham a pena ler.

A autora

Parte I

Capítulo 1

Produção textual x redação

Por muito tempo, quando vivíamos na "era" da *redação escolar*, os alunos escreviam textos que seriam lidos apenas pelo professor e cujo objetivo principal era a verificação dos erros gráficos ou gramaticais. Nesse modelo, o professor passava um tema, como por exemplo "minhas férias", algum tema polêmico ou, ainda, algo relacionado à unidade de ensino que estivesse trabalhando naquele bimestre.

Aliás, escreveu muito bem sobre isso Christiane Gribel, em seu delicioso livro *Minhas férias, pula uma linha, parágrafo*. O livro é uma sátira muito bem-elaborada sobre essa questão das redações escolares.

Na época em que a escrita estava circunscrita à redação, ao aluno cabia preencher as cerca de trinta linhas solicitadas, distribuindo o texto em quatro ou cinco parágrafos e entregá-lo no momento solicitado. Esse tipo de escrita não estava conectado a um gênero discursivo, mas, antes, a tipos textuais – geralmente a narração no Ensino Fundamental e a dissertação no Ensino Médio.

Na maioria das vezes, não havia um público-alvo leitor ou um motivo significativo para a produção da escrita. Havia pouco *feedback* sobre o conteúdo ou as ideias contidas na redação. Esta, quase que invariavelmente, voltava rabiscada pelo professor e sequer havia um tempo para a reescrita do texto, a fim de o aluno refletir sobre os erros apontados.

Esperamos que as propostas de escrita contidas na parte II deste livro levem os alunos a não apenas escrever criativamente, mas que sejam canais através dos quais eles reflitam sobre sua escrita, revisando a grafia, a concatenação das ideias, a coesão e coerência etc.

Para isso, esperamos que professor e alunos trabalhem juntos na revisão das produções textuais. Haverá momentos em que o professor deverá ler todos os textos e trabalhar com a turma os principais erros cometidos; em outros momentos, pode haver avaliação dos textos pelos pares, seguindo orientações específicas do professor. Em outros, talvez o professor julgue necessário dar primazia à criatividade dos alunos, deixando para outro momento o trabalho de "correção" dos textos. Por isso, abordamos na parte II apenas as propostas de escrita, deixando que o professor determine como será o processo de avaliação e reescrita dos textos, até que os alunos progridam em suas produções textuais.

1.1 A avaliação das produções textuais

Seja qual for o gênero trabalhado, propomos que a "correção" do trabalho seja feita a partir de duas frentes:

a) Correção dos erros de grafia e estrutura do texto – o ideal é levar o próprio aluno a ser editor de seus textos, de forma que ele adquira o hábito de revisar o que escreveu, usando dicionários ou gramáticas (impressos ou *online*), a fim de escrever dentro da norma culta da língua. Ainda que saibamos das diversas variantes aceitáveis, devemos lembrar que o papel da escola é ensinar a língua padrão (POSSENTI, 2006).

Assim, no início dos trabalhos de produção textual, o professor pode entregar uma chave de correção dos textos, de modo que o aluno entenda os códigos que o professor fará no texto dos alunos para que eles mesmos busquem corrigir e melhorar seu texto, no que se refere à grafia, coesão e coerência, entre outros.

A figura 1, abaixo, é apenas uma sugestão. O professor pode adaptar de acordo com seu estilo e necessidades reais de sua turma ou escola.

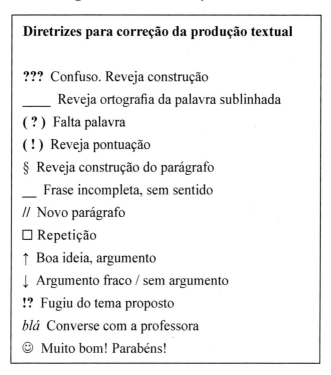

Figura 1 Chave de correção de textos

De acordo com a figura 1, quando o aluno recebe de volta o seu texto "corrigido" pelo professor, ele verificará as marcações de acordo com os códigos acima. Então, se uma palavra estiver sublinhada, por exemplo, ele deverá checar a grafia correta da palavra. Se várias palavras estiverem em um quadrado ou retângulo, o professor estará sinalizando uma repetição em demasia. É o caso do uso de *aí*, *que*, ou outra palavra que pode ser substituída por sinônimos, mas o aluno não atentou para essa repetição durante seu processo de escrita. De igual maneira, se o aluno esquece algum sinal de pontuação ou o utiliza de modo inadequado, um ponto de exclamação serve para sinalizar a necessidade de rever isso naquele exato ponto onde o ponto de exclamação foi inserido. Os casos em que apenas um código não daria conta de elucidar os pontos a serem melhorados recebem um *blá* no final do texto, de modo que o professor possa orientar o aluno individualmente e com mais detalhes.

Desse modo, ao invés de gastar horas corrigindo os trabalhos, dando as respostas, para depois entregar os textos e perceber que os alunos simplesmente guardam na mochila sem sequer lerem os apontamentos, agora, o professor divide com o aluno a responsabilidade de melhorar o texto.

Uma outra variação é distribuir os textos aleatoriamente, para que os alunos sirvam de revisores dos textos uns dos outros, de acordo com parâmetros que o professor combinar com os alunos. Não dá para querer corrigir todos os erros de uma vez. É necessário priorizar – sempre.

Pode ser que, para determinado texto, o foco recaia sobre a ortografia, enquanto para outro o uso de elementos de coesão sejam mais importantes, ou a clareza com que as ideias foram apresentadas. Ainda, talvez haja momentos em que o professor esteja focado no uso correto dos tempos verbais. E assim por diante.

b) Apresentação do texto dentro do gênero proposto – aqui o objetivo será levar o aluno a produzir modelos parecidos com os textos como eles são usados em contextos reais de uso. É necessário perceber a criatividade, originalidade, como e quais ideias foram expressas por escrito.

O objetivo é permitir que o aluno vença o medo de se expressar, ou seja, que ele não enfrente a "síndrome do papel em branco" em que todas as ideias e, portanto, todas as palavras somem e o aluno se vê sem saber o que escrever. É necessário que a avaliação dos textos seja feita de forma a estimular o aluno a produzir mais e melhor, não a temer o momento da produção textual.

É principalmente nessa concepção de avaliação de trabalhos que este livro encontra maior força. Na parte II, a seguir, listamos sessenta sugestões de escrita em sala de aula, de modo que os alunos libertem sua criatividade e, paulatinamente, alcancem altos níveis de competência na escrita de textos variados.

Obviamente é necessário que a parte ortográfica e gramatical, no geral, não sejam deixadas de lado. Porém, elas não devem ser o foco principal da tarefa. O professor pode optar por corrigir os erros mais frequentes com toda a turma, solicitar que os alunos usem a chave de correção conforme descrita acima, a partir da figura 1, permitir que os alunos ajam como revisores uns dos outros, entre inúmeras outras possibilidades. Em alguns casos essas possibilidades incluirão até mesmo ignorar esses "erros" em prol do resultado final, que é a produção textual criativa, interessante, livre, espontânea e riquíssima.

Cumpre ressaltar que a preocupação com a produção de textos significativos envolve um público leitor, ainda que este esteja circunscrito à própria sala de aula. O grande avanço é que deixemos para trás os moldes da redação escolar do passado, onde apenas o professor lia e tecia comentários na escrita do aluno – e, como já mencionamos, apenas preocupado com as questões gramaticais do texto.

Esperamos que nas nossas salas de aula atuais a produção textual seja um momento de uma grande oficina mesmo, com todos trabalhando, ajudando-se mutuamente, com muitas produções em grupo, avaliação dos trabalhos pelos colegas, edição dos textos, bastante reescrita e sua posterior publicação, seja no mural da sala de aula, em competições na escola, em livros digitais ou nos vários canais disponíveis na *Web*.

Capítulo 2

Gêneros e ensino

As novas demandas dos contextos sociais tornam necessário o domínio dos mais diversos gêneros para a socialização e cidadania dos aprendizes. Por isso, "o aprendizado da linguagem humana [...] [deve ser] como o desenvolvimento da competência no uso de um número crescente de gêneros textuais" (MEURER, 2000: 149). Desta maneira, o ensino de língua materna deve proporcionar ao aluno a exposição a um número diversificado de gêneros textuais.

Embora o número de gêneros esteja na mesma proporção das situações sociais e contextos que exigem os usos específicos de linguagem, e mesmo que a sala de aula não seja um lugar autêntico para o ensino de gêneros, principalmente se estes estiverem representados ou "presos" em um livro didático, se não tentarmos apresentar aos alunos o maior número de gêneros possível, estaremos reduzindo sobremaneira seu acesso ao letramento e engajamento na comunidade discursiva a que nos propomos fazê-los participantes.

2.1 Os Parâmetros Curriculares Nacionais (PCNs) – Gêneros no contexto ensino-aprendizagem

Os PCNs (Parâmetros Curriculares Nacionais) de Língua Portuguesa sugerem que o trabalho com o texto deva ser baseado nos gêneros, sejam eles orais ou escritos. Os PCNs de Língua

Portuguesa (MEC, 1997) fazem afirmativas relevantes para a nossa atuação, como professores, no que se refere ao ensino com base em gêneros textuais diversificados. Lemos que

> todo texto se organiza dentro de um determinado gênero. Os vários gêneros existentes, por sua vez, constituem formas relativamente estáveis de enunciados, disponíveis na cultura, caracterizados por três elementos: conteúdo temático, estilo e construção composicional. Pode-se ainda afirmar que a noção de gêneros refere-se a "famílias" de textos que compartilham algumas características comuns, embora heterogêneas, como visão geral da ação à qual o texto se articula, tipo de suporte comunicativo, extensão, grau de literariedade, por exemplo, existindo em número quase ilimitado.

Se todos os textos se manifestam através de algum gênero textual, é importante, portanto, um maior conhecimento do funcionamento dos gêneros textuais tanto para a produção (escrita) como para a compreensão (leitura). É necessário que o aluno seja exposto a diversos gêneros e o papel que determinado gênero desempenha em situações reais de comunicação.

2.2 Processos de escrita

Como o objetivo deste livro é o enfoque nos gêneros do discurso escrito, é relevante investigar algumas características do processo de escrita.

No que se refere ao desenvolvimento da escrita, é bastante importante a contribuição de Bereiter e Scardamalia (1987), os quais desenvolveram os modelos chamados de "reprodução do conhecimento" (*knowledge telling*) e "transformação do conhecimento" (*knowledge transforming*). Segundo esses autores, a principal diferença entre uma escrita "madura" ou "imatura" está em como o conhecimento é tratado durante o processo de escrita e no que acontece ao conhecimento durante este processo. Em breves palavras, o conceito de reprodução do conhecimento refere-se à construção de um texto em um gênero familiar (factual) sem a necessidade de um plano ou meta e sem procedimento de solução de problemas. Geralmente, é um recontar de experiências, em ordem cronológica, incluindo passos mais descritivos ou narrativos. Já a transformação do conhecimento é um modelo mais maduro, o qual contém a reprodução do conhecimento como parte de um processo mais complexo de solução de problemas, no qual o autor está constantemente fazendo escolhas no que se refere à retórica e ao conteúdo, planejando e estabelecendo metas para solução de problemas.

Desta forma, é necessário que nós, professores, auxiliemos os alunos nesse processo de amadurecimento da escrita. Esse amadurecimento pode ser incentivado ao proporcionarmos mais momentos de escrita e reescrita, de modo que os alunos possam expressar-se livremente e serem orientados acerca da linguagem a ser utilizada de acordo com cada gênero textual a ser produzido.

Capítulo 3

Alfabetização e letramento digital

A rede mundial de computadores tem recebido um número cada vez mais crescente de usuários e, de igual maneira, aumenta também a oferta de cursos na modalidade a distância ou a inserção das Novas Tecnologias da Informação e Comunicação (NTICs) em aulas presenciais.

Assim, cada vez mais cabe a discussão acerca dos conceitos de alfabetização e letramento digital, em contraposição aos termos alfabetização e letramento da cultura letrada, no sentido tradicional. Precisamos refletir acerca da inserção das tecnologias em nossa prática pedagógica, de modo a contribuir para uma formação reflexiva e crítica dos nossos alunos quanto ao uso das novas tecnologias da informação e comunicação. Afinal, não devemos utilizar os recursos das NTICs em nossas aulas apenas porque está na moda. É necessário que esse trabalho sirva aos objetivos pedagógicos que temos em mente ao prepararmos nossas aulas.

Embora ainda não haja um consenso sobre a compreensão do termo *letramento* em nossa sociedade do papel, a palavra já vem sendo muito utilizada na *cibercultura* (SOARES, 2002: 144). Na verdade, já se fala não apenas em um letramento, mas letramentos, no plural. Isto porque, mesmo pessoas consideradas letradas na escrita e no manuseio de textos impressos diversificados podem, por exemplo, apresentar um grau de letramento muito baixo ou mesmo uma não alfabetização para os contextos digitais.

Convém destacar que não se pode dissociar alfabetização de letramento. Da mesma maneira, ao falarmos em letramento digital, precisamos do conceito de alfabetização, a qual se desenvolverá justamente no contexto das práticas sociais de leitura e escrita no ambiente virtual, através de atividades que tenham como foco o letramento. E o letramento só acontecerá se a aprendizagem tiver como base a alfabetização. Isto significa dizer que, se para a apropriação da cultura escrita é necessário que o letramento se desenvolva no contexto da aprendizagem das relações fonema-grafema (SOARES, 2004: 11), o letramento digital só se desenvolverá se a pessoa tiver boa base de alfabetização desse ambiente. Não é possível falar em um sem ter em mente o outro.

Não é possível letrar digitalmente sem se pensar em alguém que precisa estar alfabetizado. Não é possível apenas alfabetizar sem se pensar no uso social que se fará desse conhecimento nas práticas sociais que envolvam as ferramentas da *Web 2.0*. E mais, para que o letramento seja pleno, é preciso que se reflita criticamente acerca do que utilizar, como e por que no fazer docente. Os dois processos precisam acontecer simultaneamente (SOARES, 2004: 15). Saliente-se, no entanto, que o letramento apresenta continuidade, em um movimento que leva mais tempo para se efetivar, se não uma vida inteira, dado seu caráter plural.

Em um texto anterior, Soares (2002: 145) apresenta uma concepção de letramento como "o estado ou condição de quem exerce as práticas sociais de leitura e de escrita, de quem participa de eventos em que a escrita é parte integrante da interação entre pessoas e do processo de interpretação dessa interação".

No contexto do letramento digital, acrescentamos que ser letrado é poder interagir da maneira descrita pelos autores *em* ambientes digitais, isto é, realizando práticas de leitura e escrita que diferem das práticas tradicionais. É saber pesquisar, selecionar, utilizar as diversas ferramentas disponíveis para cumprir propósitos variados, é se relacionar com seus pares, aprender constantemente, construir, transformar, reconstruir, exercer autoria, compartilhar conhecimento etc., sempre utilizando os recursos da *Web*, quer para sua vida pessoal ou profissional.

Por isso, neste livro, as atividades desenvolvidas muitas vezes poderão ser adaptadas para o contexto digital, caso o professor deseje utilizar as Novas Tecnologias da Informação e da Comunicação (NTICs) em suas aulas. Isso pode acontecer para todas as etapas de escrita do trabalho, mas daremos enfoque, aqui, ao momento de publicação e compartilhamento dos resultados de um projeto de escrita.

Desta maneira, visando dar voz aos alunos, estimulamos não apenas a produção de textos em gêneros diversos, mas seu compartilhamento através de publicação com o auxílio de ferramentas disponíveis gratuitamente na *Web*. Objetivamos que a integração das NTICs nas aulas presenciais aconteça continuamente, porém buscando atender aos objetivos do ensino-aprendizagem e contribuir com o letramento digital dos alunos.

Dentre as inúmeras ferramentas e aplicativos disponíveis, as propostas de produção de textos apresentadas na parte II, conforme já mencionado anteriormente, destacam-se os seguintes: *Google Drive, blog* da turma, *YouTube, Glogster, SlideShare, Wallwisher, Prezi* e criação de *e-Books*.

A primeira justificativa para a escolha dessas ferramentas recai sobre a experiência da própria autora no uso delas para fins pedagógicos. Em segundo lugar, julgamos importante, para os objetivos deste livro, restringirmos a escolha a algumas ferramentas para que alunos e professores possam ter várias oportunidades de manuseá-las, de forma a se sentirem confortáveis e seguros no domínio dessas ferramentas.

Entretanto, lembramos que elas constituem apenas sugestões. Os professores e os alunos podem escolher ferramentas com as quais estejam mais familiarizados ou mesmo que signifiquem desafio maior para seu projeto de publicação *online*.

Parte II

I

Desenhando e escrevendo

Gênero textual	Conto
Tipo de atividade	Individual
Tempo previsto[1]	Dois tempos de aula
Material	Folha A4 em branco, lápis, canetinhas e lápis de cor
Publicando na Web	*Blog* da turma

Passo a passo

O professor distribui uma folha em branco para cada aluno ou pede que cada um arranque uma folha do caderno. Em seguida, solicita que os alunos escrevam seus nomes e turma na folha. Depois, ele passa na carteira de cada um e faz um rabisco aleatório na folha (pode ser no meio, no canto inferior esquerdo, superior direito etc.).

Esses rabiscos podem ser retas, semicírculo, pequenas ondas, ziguezague e uma infinidade de outras formas. No começo os alunos não entendem nada e começam inclusive a comparar os rabiscos uns dos outros.

Ao finalizar a tarefa de "rabiscar" as folhas, o professor pede que os alunos façam um desenho, tomando como ponto de partida o rabisco feito. Podem, inclusive, colorir seus desenhos ao final.

---

1 O tempo previsto para as atividades leva em consideração apenas a produção, sem revisão ou edição.

Por fim, quando todos (ou pelo menos quase todos) tiverem terminado a primeira parte da tarefa e concluído seus desenhos, o professor pede que eles produzam uma história que o desenho esteja representando.

Costumam sair resultados muito criativos, pois, a princípio, quando desenham, os alunos geralmente não imaginam que vão ter que escrever algo a respeito. Por isso, a imaginação fica solta. Ao desenhar, de certa forma, eles já constroem a história em suas mentes. Com esta atividade, eles só precisam ordenar os pensamentos no papel.

Publicando...

Ao final, os desenhos podem ser escaneados e as histórias digitadas para postagem no *Blog* da turma, para que todos leiam e comentem os trabalhos uns dos outros.

Pode ser criada uma enquete no *Blog*, para votação dos textos que os alunos mais gostaram.

Dica extra

Não se preocupe com o número de linhas. Converse com os alunos individualmente, tentando estimular que contem mais, que explorem algum aspecto do desenho que talvez não tenham percebido.

2

Objetos na mala ou na sacola

Gênero textual	Vários (carta, poema, notícia de jornal, conto etc.)
Tipo de atividade	Individual ou pequenos grupos
Tempo previsto	Dois tempos de aula
Material	Folha A4 em branco, caneta, mala com diversos objetos (ou uma sacola com palavras escritas em cartões)
Publicando na Web	*Blog* da turma ou *Prezi*

Passo a passo

O professor pode aguçar a curiosidade e criatividade dos alunos para a escrita ao levar à sala de aula uma mala ou, se não for possível, uma sacola, com diferentes objetos dentro. Se não houver como levar os objetos, o professor pode, ainda assim, levar as palavras escritas em letras grandes.

Pode pedir que um aluno sorteie três a cinco itens da mala, expondo os objetos para toda a turma. No caso da palavra escrita, elas podem ser afixadas no quadro ou em um mural.

Em seguida, os alunos fazem uma produção contando uma história na qual todas as palavras apareçam na ordem em que foram sorteadas.

O professor pode determinar o gênero discursivo em que a produção textual deverá ser realizada (carta, poema, receita, conto, propaganda, notícia etc.) ou deixar o formato livre para os alunos decidirem o que desejam produzir.

Publicando...

Os alunos podem publicar seus textos no *Blog* da turma ou, se o professor preferir, podem criar uma apresentação no *Prezi*, inserindo a palavra que surgiu no meio da história.

Dica extra

Alguns objetos que o professor pode considerar que constem em sua mala:

- aparelho celular antigo;
- carta de baralho;
- um livro em uma língua estrangeira como russo;
- pregador de roupa;
- gravata;
- algum brinquedo;
- o que mais sua imaginação mandar!

3

Começo...

Gênero textual	Conto
Tipo de atividade	Pequenos grupos
Tempo previsto	Dois tempos de aula
Material	Folha A4 com o início da história escrito
Publicando na Web	*Blog* da turma ou *SlideShare*

Passo a passo

O professor distribui folhas de papel contendo o início de uma história, desconhecida ou inventada pelo próprio professor. Os alunos devem completar a história com, pelo menos, mais três parágrafos.

Publicando...

Além do próprio *Blog* da turma, os alunos podem digitar suas histórias em *PowerPoint* e publicarem no *SlideShare*.

Dica extra

Veja alguns inícios possíveis:

• Era uma tarde calorenta de verão e eu estava em casa. Queria navegar na *net*, mas tinha acabado de faltar luz. Nem um ventilador podia ligar. Eu me sentia derretendo. Foi quando decidi ir para o quintal...

• Sexta-feira 13. Eu não era supersticioso. Achava uma grande bobagem quem falava ter medo de gato preto, não passar debaixo de uma escada ou coisa assim. Mas, naquela noite, enquanto eu caminhava sozinho para casa...

• Estava na minha sala de aula, sentado quietinho no meu canto, quando do nada apareceu uma equipe de televisão com câmeras, luzes, microfone, repórter e toda a parafernália pedindo licença ao professor e todos vieram na minha direção...

4

O meio...

Gênero textual	Conto
Tipo de atividade	Pequenos grupos
Tempo previsto	Dois tempos de aula
Material	Folha A4 com o início e o fim da história escrito
Publicando na Web	*Blog* da turma ou *SlideShare*

Passo a passo

O professor pode dar o primeiro parágrafo da história com o início da trama e o último, com o desfecho.

Os alunos devem dizer o que aconteceu no meio da história, completando com, aproximadamente, três parágrafos.

Para auxiliar, o professor pode fazer algumas perguntas norteadoras, como por exemplo: o que aconteceu depois? Por que isso foi importante? Que outro personagem entrou na história depois? Havia algum vilão? Tem algum mistério ou segredo envolvendo os personagens? E assim por diante.

Publicando...

Como na atividade anterior, os alunos podem publicar seus resultados no *Blog* da turma ou no *SlideShare* para que todos possam visualizar o resultado e fazer comentários acerca da produção escrita do grupo.

Dica extra

Algumas sugestões de início e fim de história podem ser as seguintes:

• Eu tenho um amigo que é mesmo muito sortudo. Ele já nasceu em uma família sortuda também. Tudo o que eles fazem dá certo. Só não ganharam na loteria ainda, mas tudo o que você imaginar que eles participam, eles ganham...

...Por isso que eu prefiro ser assim, do jeito que sou. Uma pessoa normal, sem muita sorte, mas também sem grandes decepções no mesmo dia.

• Quando Maria era criança, sonhava em ser uma grande bailarina e se apresentar no Teatro Municipal para todas as pessoas aplaudirem sua performance em grande estilo. Ela fechava os olhos e imaginava cada passo, cada dança, cada rodopio...

...E foi assim que Maria viu seu sonho ser realizado. Ali embaixo estavam as pessoas mais queridas: seus pais, sua avó, seus irmãos e, claro, ele também estava lá.

• Zico era o menino mais preguiçoso do pedaço. Se a mãe pedia para ajudar, ele logo respondia: "Não posso, estou cansado". Se alguém perguntasse se ele queria um doce, ele dizia: "Quero!", mas quando ele tinha que levantar do sofá e ir lá pegar, ele dizia: "Não quero não, obrigado. Estou muito cansado". Foi assim até...

...E até hoje ninguém sabe do Zico. Cada um diz uma coisa. Mas eu acho mesmo que ele está empurrando aquela pedra até agora, sem poder chamar ninguém para ajudar.

5

O fim

Gênero textual	Conto
Tipo de atividade	Pequenos grupos
Tempo previsto	Dois tempos de aula
Material	Folha A4 com o fim da história escrito
Publicando na *Web*	*Blog* da turma ou *SlideShare*

Passo a passo

Do mesmo modo que as duas dinâmicas anteriores, o professor fornece um parágrafo para os alunos e eles devem escrever para completar a história. Só que agora o professor apresenta o desfecho da história e os alunos devem apresentar o começo e o meio dela.

Publicando...

Mais uma vez, esse é um material rico para o *Blog* da turma ou para uma apresentação em *PowerPoint* compartilhada através do *SlideShare*.

Dica extra

Alguns desfechos podem ser os seguintes:

• E assim, ao invés de viverem felizes para sempre, os dois viveram perseguindo um ao outro, fazendo trapaças e travessuras, para ver quem é que ia vencer no final. Mas, quem disse que tinha um final?

• E dizem por aí que até os dias de hoje o monstro fica à espreita de alguém quando é noite de lua cheia. Basta a pessoa passar em frente a uma casa de número 13, ou 113 ou 133 que ele vai estar lá. Com toda a certeza.

• Por fim, Julieta foi eleita a garota mais legal do planeta.

6

Acróstico

Gênero textual	Acróstico
Tipo de atividade	Individual ou pequenos grupos
Tempo previsto	Dois tempos de aula
Material	Papel, caneta
Publicando na *Web*	*Wallwisher*

Passo a passo

Essa atividade é bastante fácil e estimulante e pode ser usada com grupos de faixa etária variada.

Em seu modelo mais simples, o acróstico pode ter apenas adjetivos caracterizando a pessoa ou a palavra representada ou mesmo palavras soltas, que não tenham conexão entre si. Para turmas mais avançadas, pode-se dar palavras mais difíceis ou solicitar que, ao invés de escrever apenas palavras, os alunos escrevam frases. Pode-se ainda solicitar que o texto possua rimas.

Um exemplo de acróstico simples pode ser aquele que forma o nome dos próprios alunos ou uma palavra como *vida, amor, amizade* etc.

Veja o exemplo abaixo:

Amiga

Louca

Instigante

Namoradeira

Elegante

Um exemplo mais elaborado de acróstico é o que se encontra a seguir, retirado da Wikipédia (http://pt.wikipedia.org/wiki/Acr%C3%B3stico – Acesso em abril/2012):

Sou em você o ser mais completo e mais perfeito
Uma combinação como se nunca estivéssemos separados
Ying e Yang girando até não se ver a distinção
Amantes autofágicos em nós mesmos inebriados
Nascidos a cada instante, a cada pulsar do coração
Esquecidos do mundo, em nossos corpos entrelaçados.

Insistindo em ser eterno, nosso amor infinito
Não foi por acaso que nos reencontramos, mas
Foi por castigo por termos nos deixado a
Intensidade de tudo que sentimos agora.
Não me lembrava mais o que era a paixão
Inexpressivos estavam meus sentimentos
Também era inexpressiva para mim a solidão
Agora uma algoz me matando de saudades
Mata-me como se fosse uma falta de ar
E só a sua voz me faz de novo respirar
No silêncio da noite, tenho só a memória
Tenho a lembrança de cada detalhe e cada som
Então durmo sonhando com você, num sonho bom.

Muitos foram os caminhos que seguimos até agora
Incontáveis foram os amores que tivemos e esquecemos
Nada do que ficou para trás irá tirar a nossa glória
Hoje começamos uma nova vida, ainda que recomecemos.
Aqui se inicia a melhor parte da nossa história.

O texto acima forma a frase **"Suyane infinitamente minha"**, que pode finalizar ou iniciar a leitura da poesia.

Publicando...

Os alunos podem ser solicitados a publicar na ferramenta *Wallwhisher*, no mural previamente criado pelo professor. Se o acróstico for simples, só com os nomes dos alunos, o mural pode ter nomes como "Apresentando a turma", "Quem somos nós", "Turma X em acrósticos" ou outro nome que o professor preferir, que defina o objetivo do acróstico.

Dica extra

Comece explicando o que é um *acróstico* e leve alguns exemplos – seus ou atribuídos a outras pessoas.

Geralmente um bom começo é com o próprio nome do aluno e com palavras soltas que definam a personalidade dele ou dela. Porém, o professor pode utilizar alguma palavra geradora de algum tema que esteja trabalhando naquele período, como água, cidadania, vida etc. Por fim, também pode permitir que os alunos escolham sua palavra e criem o acróstico para dar definições pessoais dessas palavras.

7

Propaganda

Gênero textual	Propaganda comercial para jornais, revistas ou televisão
Tipo de atividade	Pequenos grupos
Tempo previsto	Duas aulas de quatro tempos
Material	Câmera digital (celular, *ipad* etc.)
Publicando na Web	*YouTube*

Passo a passo

O professor pode trabalhar com os alunos sobre a influência que as propagandas comerciais podem exercer sobre nós. É interessante que algumas técnicas de redação publicitária sejam ensinadas para que o aluno consiga produzir textos mais condizentes com este gênero. Essas técnicas podem incluir: frase de chamada, uso de figuras de linguagem, objetividade e concisão, imagem visual e texto escrito dialogando entre si.

Após trabalhar esses conceitos através de leitura de propagandas comerciais e apresentação dos pontos gramaticais mencionados, na aula seguinte, o professor pode levar para a sala de aula objetos muito antigos ou desconhecidos para os alunos. Em grupo, os alunos devem escrever um texto para promover os produtos cm veículos como revista ou televisão.

Publicando...

Seja qual for a mídia escolhida, os alunos podem ser solicitados a publicar o resultado de sua produção textual no *YouTube*. Se for para a mídia impressa, eles devem dar primazia ao texto escrito e à imagem do produto. Se a opção foi a televisão, por exemplo, os alunos devem dramatizar a propaganda, utilizando o texto que criaram ao elaborar a atividade.

Dica extra

Ao invés de levar objetos velhos, você pode solicitar que os grupos criem um novo produto ou acrescentem uma funcionalidade diferente a um determinado objeto.

Também pode ser interessante determinar o tempo máximo de trinta segundos ou o número máximo de linhas para a propaganda e estimular o uso de texto não verbal dialogando com o texto verbal.

8

Cartaz dos sonhos

Gênero textual	Cartaz ou pôster
Tipo de atividade	Individual
Tempo previsto	Dois tempos de aula
Material	Folha A3, cola, tesoura, revistas (muitas!)
Publicando na *Web*	*Glogster*

Passo a passo

Esta aula será uma grande oficina, com muita bagunça, porém bastante produção criativa!

Os alunos devem folhear revistas e escolher imagens de coisas que desejam. É bom sugerir que selecionem imagens não apenas objetos de consumo, mas outras que também representem seus sonhos ou planos para o futuro.

Os alunos fazem um cartaz em folha A3, preferencialmente, contendo seus sonhos, a partir da colagem das imagens escolhidas. Por fim, eles devem escrever sobre o que desejam, indicando o que cada gravura representa e qual importância de cada um daqueles objetos ou representações. Depois da elaboração dos cartazes e produção escrita, os alunos podem apresentar oralmente para a turma o seu "cartaz dos sonhos".

Publicando...

Uma versão digital dessa atividade pode ser através da criação de pôster *online*, com a ferramenta *Glogster* (www.glogster.com). Há um modelo específico de *wish list* (lista de desejos), em que os alunos colocam gravuras e escrevem acerca desse pôster. Como há vários recursos diferentes, que incluem formato de letra, cor do papel de parede, possibilidade de inclusão de vídeos e músicas, pode ser que os alunos fiquem mais animados ainda para essa produção escrita.

Dica extra

Ao invés de fazer o *cartaz dos sonhos*, o professor pode sugerir temas variados, tais como: soluções para um problema específico; ideias do que fazer nas férias; coisas que contribuem para uma vida mais saudável, entre outras inúmeras ideias de cartazes ou pôsteres que seus alunos podem elaborar.

9

Resenha de filme ou livro

Gênero textual	Resenha
Tipo de atividade	Individual
Tempo previsto	Uma aula de dois tempos (+ tempo prévio para a leitura do livro ou exibição do filme e apresentação de diferentes resenhas)
Material	Ficha de resenha impressa (para o modelo mais básico de resenha)
Publicando na Web	*Wallwisher*

Passo a passo

O professor pode escolher um filme ou livro para a turma assistir ou ler ou, ainda, pedir que os alunos escolham o melhor filme ou livro a que já assistiram ou leram para que eles possam fazer uma crítica.

É importante que o professor trabalhe antes a estrutura do gênero textual resenha, lendo diferentes modelos com os alunos antes de solicitar que eles produzam as suas próprias.

Para as turmas de sexto ou sétimo anos do Ensino Fundamental, talvez o mais interessante seja fornecer um modelo simples de resenha (que segue adiante), no qual os alunos apenas preencham os dados solicitados. O objetivo desta atividade é fazer com que os alunos expressem por escrito a sua opinião acerca da obra.

Depois que todos preencherem a ficha, pode-se criar um mural na sala de aula, a fim de que os colegas possam conhecer a opinião uns dos outros e buscar indicações de livros e filmes dos colegas.

Publicando...

O professor pode criar um mural no *Wallwisher* intitulado "Resenha do livro X" ou "Livros que recomendamos", de acordo com o que optar como atividade com a turma. Os alunos podem escrever suas críticas e compartilhar uns com os outros através dessa ferramenta.

Figura 2 Ficha de resenha de livro

TÍTULO: ....

Autor: ....

Editora: .... **Ano:** ....

Resenha:

(Breve resumo da história):

....

....

....

....

....

....

(Críticas ou elogios)

....

....

Portanto, o livro merece as estrelas pintadas:

A figura 2, acima, apresenta uma ficha bastante simples que alunos do sexto ano podem preencher para expressar sua opinião sobre determinado livro que tenham lido. Percebemos que nela os alunos anotam as principais informações sobre obra, tais como o título, nome do autor, da editora e ano de edição. Em seguida, eles precisam apresentar um resumo do livro em poucas palavras. O professor pode ressaltar que, em resumos, não são incluídos detalhes da história, tampouco se conta o final para não estragar a surpresa.

Por fim, após os alunos escreverem sua opinião acerca da obra eles pintam o número de estrelas que acham que a obra merece, de acordo com os quesitos que também podem ser previamente definidos ou negociados em classe, tais como: trama inteligente, prende a atenção, ótimo suspense, história criativa, ou simplesmente de acordo com a opinião que eles têm da obra, no geral.

Dica extra

Essa atividade também pode ser feita através da criação de um *wiki*, dentro do *Google Drive* ou dentro do grupo da turma no *Facebook*.

O grau de dificuldade também pode ser aumentado de acordo com o nível da turma. Para alunos de séries mais avançadas, pode-se destacar a estrutura que a resenha deve apresentar, tais como: um breve resumo da história, pontos altos da obra, a crítica / recomendação do aluno. Também é possível solicitar que os alunos trabalhem como revisores e críticos dos textos uns dos outros antes da publicação da resenha com ferramentas *online*.

Outro recurso interessante é usar o *Twitter* para que os alunos postem sua opinião de forma bem sucinta, utilizando apenas os 140 caracteres permitidos pela rede. Pode-se criar uma *hashtag (#)* para essas postagens, a fim de facilitar a visualização delas na rede.

10

Tribunal do júri

Gênero textual	Julgamento
Tipo de atividade	Grupos
Tempo previsto	Duas aulas de quatro tempos
Material	Papel, caneta
Publicando na *Web*	*YouTube*

Passo a passo

O professor pode aproveitar os assuntos ou casos polêmicos que, muitas vezes, viram notícia, para propor que os alunos se posicionem contra ou a favor do assunto, argumentando e sustentando oralmente seu argumento, apesar de ideias contrárias e o outro grupo contra-argumentar.

Muitas vezes, principalmente no Ensino Médio, queremos que os alunos aprendam a apresentar por escrito o encadeamento de suas ideias e que saibam alicerçar suas opiniões ao escrever. Contudo, podemos aproveitar esses mesmos temas para que eles possam fortalecer sua capacidade argumentativa no discurso oral.

Nesta atividade, o professor pode propor um tema (ou temas variados) para a turma e promover um dia do julgamento, em que os grupos apresentarão os pontos positivos ou a favor sobre determinado tema; outros apresentarão os pontos negativos ou contra o assunto.

Alguns alunos podem ser o júri, que julgará que grupo foi o mais convincente e justificando a escolha.

Publicando...

Os alunos podem filmar o "dia do julgamento" e postar no *YouTube*. Os colegas podem fazer comentários do vídeo diretamente na rede.

Dica extra

Ao invés de criar toda a atmosfera para um julgamento, o professor pode, simplesmente, promover um debate, dividindo a turma em dois grupos – um contra e outro a favor.

Alguns temas sugeridos para essa atividade: aborto, casamento *gay*; legalização da maconha; efeitos positivos e negativos das novas tecnologias etc.

11

Frases embaralhadas

Gênero textual	Conto
Tipo de atividade	Pequenos grupos
Tempo previsto	Uma aula de dois tempos
Material	Papel, caneta
Publicando na *Web*	*Google Drive*

Passo a passo

Essa atividade busca trabalhar a coesão e a coerência do texto, ao propor que os alunos elaborem um conto – maravilhoso ou não – utilizando frases, a princípio, desconexas entre si.

O professor reúne a turma em pequenos grupos e distribui cartões com as frases impressas, as quais deverão ser inseridas no texto produzido. Pode-se deixar que os alunos optem pela ordem de inserção das frases no seu texto, ou, para dificultar um pouco mais, estabelecer previamente a ordem exata em que cada frase deve aparecer no texto produzido.

Esse exercício auxilia os alunos a perceberem que mesmo textos aparentemente sem nexo podem ganhar sentido se houver um contexto que os determine. O que eles farão nesse processo de escrita é exatamente explicitar o contexto, de forma a que as frases se encaixem e façam parte do texto que está sendo elaborado de forma coerente e coesa.

Publicando...

Esta é uma das atividades que permite que toda a sua elaboração seja com o auxílio da ferramenta *Google Drive*. O professor pode criar um *wiki* para cada grupo e dispor as frases que deverão ser inseridas no texto de cada um nas orientações da tarefa.

Dica extra

Alguns exemplos desses conjuntos de frases soltas a serem inseridas nos textos são:

Grupo 1: Sem contar que essa seria a reação típica dele.

Eu queria tanto voar.

Enquanto nada acontece, eu fico anotando tudo no diário.

Grupo 2: Jogar bola é bem melhor que assistir a programas de TV.

Essa é uma das razões por que ainda devemos acreditar que há pessoas boas no mundo.

Percebi que havia algo estranho naquele mesmo instante.

Claro que a criatividade do professor pode sugerir outras combinações inesperadas, porém não impossíveis de coexistir em um mesmo texto, ainda que não muito longo.

12

Autobiografia

Gênero textual	Autobiografia
Tipo de atividade	Individual
Tempo previsto	Duas aulas de quatro tempos
Material	Papel, caneta, *PowerPoint*
Publicando na *Web*	*e-Book*

Passo a passo

Escrever sobre a nossa própria vida deveria ser uma das tarefas mais fáceis. Afinal, ninguém sabe mais da nossa vida do que nós mesmos (ou, pelo menos, supomos assim!). Todavia, se não houver orientação do professor, principalmente no Ensino Fundamental, sobre o que selecionar em um pequeno texto autobiográfico de uma ou duas páginas, o resultado pode ser frustrante.

O professor pode, por exemplo, propor aos alunos que escrevam sobre as boas memórias da infância ou sobre suas conquistas, seus medos, momentos inesquecíveis, como o aluno se via há uns três ou quatro anos, entre uma infinidade de enfoques para facilitar a seleção de memórias na produção da autobiografia.

Publicando...

O professor pode organizar os textos dos alunos em um *e-Book*, tanto em pdf como em *PowerPoint* com *links* para os textos. O livro pode ser deixado disponível para *download* no próprio *Blog* da turma.

Dica extra

É interessante fazer a produção das autobiografias por temas, como:

- Minha infância.

- Minha primeira escola.

- Meus melhores momentos.

Contudo, também é possível fazer uma autobiografia mais completa, desde o nascimento até o momento da escrita do texto. Para isso, pode ser útil primeiramente os alunos fazerem uma linha do tempo e marcarem nela os momentos mais marcantes, separados por anos. Isso os ajudará a seguir uma sequência cronológica mais ordenada, facilitando o entendimento do leitor.

Eles podem fazer a linha do tempo no caderno mesmo. No início, marcam o ano em que nasceram. Depois, escolhem os fatos mais marcantes e escrevem o ano, marcando na linha. Esses eventos podem incluir a chegada de um irmão, a entrada na escola, perda de algum ente querido, um presente marcante, uma viagem inesquecível, um sonho realizado etc. Assim, em cada parágrafo ou dois, o aluno escreve sobre aquele ano ou fato destacado, de forma mais organizada.

13

Deu a louca nos contos de fada

Gênero textual	Conto
Tipo de atividade	Pequenos grupos
Tempo previsto	Duas aulas de quatro tempos
Material	Papel e caneta
Publicando na *Web*	*e-Book*

Passo a passo

Para os alunos mais novos, pode-se propor primeiramente uma leitura dos contos de fada. A orientação de se iniciar com a leitura do conto deve-se ao fato de que o repertório de leitura de muitas crianças é, às vezes, muito limitado mesmo quando já estão no segundo segmento do Ensino Fundamental. É bom o professor sondar se os alunos conhecem bem a história antes de propor a escrita. Para esse grupo de alunos, ao fim da leitura, pode-se pedir que eles imaginem o que aconteceu depois do "viveram felizes para sempre" e escrevam suas versões de uma página. Depois, o professor pode organizar um mural com as ideias dos alunos para toda a classe ler ou propor uma leitura em voz alta das produções para que os alunos comparem as diferentes ideias surgidas.

Para os alunos de séries mais adiantadas, é possível estimular a criatividade propondo situações inusitadas para os personagens dos contos. Por exemplo, a história pode ser narrada sob o ponto de vista dos próprios personagens, como a bruxa, a madrasta, outro vilão ou mesmo da própria princesa do conto.

Publicando...

Os contos podem ganhar ilustrações dos próprios alunos e serem organizados em um *e-Book* com todas as produções textuais juntas.

Dica extra

Entre as inúmeras possibilidades de produção, podemos incluir:

- A história contada pelos príncipes. O que eles têm a dizer? Onde estavam? Como eram suas vidas antes de conhecerem as princesas?

- Um encontro com as princesas em uma festa, ou na manicure, no mercado etc.

14

Poemas

Gênero textual	Poesia
Tipo de atividade	Pequenos grupos
Tempo previsto	Duas aulas de dois tempos
Material	Papel, caneta
Publicando na Web	*Blog* da turma

Passo a passo

O professor deve utilizar algumas aulas anteriores à produção textual das poesias para expor os alunos ao gênero em suas diferentes fases e formas. É importante que os alunos tenham acesso a poesias diversas, que conheçam um pouco de métrica, que sejam expostos a poesias que rimem, que não rimem, curtinhas ou longas, antigas ou atuais.

Contudo, para a produção de suas poesias, sugerimos que não haja tanta preocupação com a técnica, principalmente com a métrica. Os versos livres costumam ser muito mais fáceis de serem produzidos pelos alunos. Que eles sejam livres para colocar as ideias no papel da maneira que julgarem mais interessante. E o melhor, sempre aparecem produções interessantíssimas.

Publicando...

Mais uma vez, o *Blog* da turma pode ser o canal de publicação das obras dos alunos. Se preferir, o professor pode criar um *e-Book* e disponibilizar no *Blog*.

Dica extra

O professor pode promover um sarau de poesias – na turma ou na escola – em que poesias de poetas consagrados e dos alunos sejam declamadas.

Outra sugestão é promover um concurso de poesias na escola, com direito à noite de premiação. Pode-se sugerir temas ou deixar o tema (bem como o estilo) livre para atrair a participação dos alunos.

15

Uma novela

Gênero textual	Novela (uma cena)
Tipo de atividade	Pequenos grupos
Tempo previsto	Duas aulas de quatro tempos
Material	Papel, caneta, câmera
Publicando na Web	*YouTube*

Passo a passo

As novelas de televisão fazem parte da cultura brasileira. Há quem critique bastante a massificação da mídia, a criação de estereótipos e a banalização de alguns assuntos polêmicos, devido ao poder que a mídia exerce, em especial através das novelas. Afinal, moda e modismos são lançados a cada nova novela. Todavia, o fato é que nossos alunos são expostos a novelas o tempo inteiro, quer sejamos favoráveis ou não a elas. Podemos aproveitar positivamente o efeito das novelas para termos ricas produções textuais em nossas salas de aula.

Nesta proposta podemos pedir que os alunos criem uma cena para uma novela. Esta novela pode ser a mais badalada que esteja no ar. Os alunos podem imaginar que cena gostariam de assistir no "próximo capítulo". Daí, eles escrevem e encenam também.

Convém que, antes de escreverem, os alunos tenham acesso a textos similares, seja de peças teatrais ou programas televisivos. Desta forma, eles podem se acostumar com as peculiaridades deste gênero, tais como a *rubrica* (a parte narrativa resumida que orienta os atores sobre as ações ou emoções dos personagens) ou o uso do discurso direto, só para citar duas características.

Publicando...

Os alunos podem publicar seus roteiros completos no *Blog* da turma e podem gravar a cena que fizeram e postarem no *YouTube*. Como a parte da gravação leva bastante tempo, os alunos podem ser orientados a fazerem a tarefa como extraclasse.

Dica extra

Ao invés de criarem uma cena para a novela mais popular da época, os alunos podem criar uma nova novela. Eles devem ter um tema principal, delinear os personagens e escrever uma cena (ou um capítulo!) com base no esboço que criaram, apresentando a novela, os personagens, o tema central.

Há vários materiais disponíveis na *Web*, produzidos até mesmo por autores de novela de renome em nosso país, que podem ser úteis para mostrar aos alunos o processo de escrita de uma novela.

16

Telejornal

Gênero textual	Telejornal
Tipo de atividade	Pequenos grupos
Tempo previsto	Duas aulas de quatro tempos
Material	Jornais impressos da semana, acesso a jornais *online*
Publicando na *Web*	*YouTube*

Passo a passo

Uma outra forma de trabalhar a expressão oral do aluno é através da apresentação de telejornais na turma. Isso os auxilia a prestar mais atenção ao gênero e exercer o poder de síntese para narrar os fatos.

Eles também percebem que o texto falado por um repórter ou apresentador teve que ser, primeiramente, escrito. E é esse roteiro escrito que eles vão produzir com esta atividade.

Antes de produzir algum texto, é fundamental que eles tenham acesso a jornais impressos ou digitais e que o gênero notícia seja trabalhado em sala. Pode-se chamar atenção para a manchete, o tipo de linguagem usada, a disposição das informações, a resposta às perguntas *o quê, quando, onde, como*, para que eles se habituem com a linguagem do gênero.

O professor pode pedir que os grupos apresentem as principais notícias da semana em forma de telejornal na sala de aula, apresentando previamente o roteiro escrito ao professor.

61

Publicando...

Os alunos podem gravar seus telejornais e postar no *YouTube*. Ao invés das apresentações ao vivo, pode ser marcada uma data para todos da turma assistirem às apresentações dos colegas em sala de aula, com o uso do *Data-show* e telão.

Dica extra

O professor pode incrementar a atividade, sugerindo que as mesmas notícias sejam apresentadas por telejornais de estilos diferentes, como os sensacionalistas, os jornais da tarde, os do horário nobre, os mais sérios etc.

17

Uma carta ao futuro

Gênero textual	Carta
Tipo de atividade	Pequenos grupos
Tempo previsto	Duas aulas de quatro tempos
Material	Papel, caneta
Publicando na Web	*Blog* da turma ou *Prezi*

Passo a passo

Apesar de a carta ser um gênero textual cada vez mais raro com a facilidade de comunicação instantânea que as novas tecnologias têm proporcionado, é necessário expor os alunos a esse gênero, para que eles reconheçam suas características e saibam produzi-lo adequadamente quando for necessário.

Nesta atividade, após estudar algumas marcas do gênero carta, tais como a inclusão de local e data, uma saudação, a distribuição do texto em parágrafos, o encerramento com uma despedida cordial e assinatura, os alunos devem produzir uma carta a um adolescente do futuro – digamos daqui a cinquenta ou cem anos.

Eles podem contar um pouco sobre seus costumes, atividades sociais, ideias, desafios, dar conselhos, fazer perguntas etc.

Publicando...

A carta não é um gênero emergente. Assim, seria interessante que o processo de escrita envolvesse também o seu envolvamento, escrevendo-se o remetente e o destinatário. Os alunos podem fazer troca de cartas na sala de aula mesmo.

Ainda assim, podemos disponibilizar essas cartas no formato digital, para que mais pessoas tenham acesso à produção dos alunos. Os alunos podem digitar suas cartas; pode-se criar *e-Book* (em pdf) para reunir todas as cartas e disponibilizar o material no *Blog* da turma. Ou também podem criar uma apresentação no *Prezi*, incluindo imagens, se preferirem – em especial se a atividade realizada for a proposta na seção *Dica extra*, a seguir.

Dica extra

Como sugestão de escrita, o professor pode propor uma fictícia cápsula do tempo, na qual o aluno colocaria cinco coisas para o adolescente do futuro. Esses itens podem ser objetos físicos – *pen-drive*, tênis, livro impresso etc. – ou itens mais abstratos – medo da violência, uma dúvida angustiante, os problemas que os adolescentes atuais enfrentam etc. Em suas cartas, devem explicar a importância de cada item e o porquê de tê-lo incluído na cápsula do tempo.

18

Estou à venda

Gênero textual	Anúncio em classificados de jornal
Tipo de atividade	Pequenos grupos
Tempo previsto	Duas aulas de quatro tempos
Material	Classificados impressos, papel, caneta
Publicando na **Web**	*Wallwisher*

Passo a passo

O objetivo desta atividade é trabalhar a concisão própria de anúncios de jornal (impresso). O professor deve destacar que os pontos positivos do que está à venda precisam ser realçados. É o caso do anúncio redigido por Olavo Bilac a um amigo que queria colocar à venda seu sítio. Nele, lemos:

> Vende-se encantadora propriedade, onde cantam os pássaros ao amanhecer no extenso arvoredo. Cortada por cristalinas e marejantes águas de um ribeiro. A casa, banhada pelo sol nascente, oferece a sombra tranquila das tardes, na varanda.

O resultado foi tão positivo que o próprio dono desistiu da venda, dizendo a Bilac que depois que leu o anúncio escrito pelo poeta é que se deu conta da maravilha que era a sua propriedade.

Nesta atividade, os alunos deverão redigir um anúncio cujo produto é quem o escreve. Isso mesmo: o próprio aluno é o "produto" à venda. Ele deve destacar suas características positivas e inigualáveis.

Publicando...

Os anúncios podem ser postados no *Wallwisher* para que toda a turma tenha acesso aos textos.

Dica extra

O professor pode estipular o número máximo de palavras ou caracteres para que os alunos sejam concisos e façam escolhas inteligentes para compor seus anúncios.

Outra proposta é que, ao invés de escreverem apenas sobre si mesmos, de um modo geral, o tema do anúncio se restrinja a áreas mais específicas. O aluno pode ser orientado a escrever anúncios "vendendo-o" como melhor aluno, amigo, namorado, filho etc.

19

Receita

Gênero textual	Receita
Tipo de atividade	Individual ou pequenos grupos
Tempo previsto	Uma aula de dois tempos
Material	Receitas de comidas variadas, papel A4, caneta
Publicando na *Web*	*e-Book*

Passo a passo

Esta atividade é bastante interessante para os alunos de séries menores, como os alunos do sexto ano. O professor pode organizar um dia em que todos os alunos levem para a sala de aula alguma receita – seja de bolo ou outra comida preferida.

Daí, ele destaca a estrutura da receita, com seus ingredientes, o modo de preparo, os verbos no imperativo etc.

Em seguida, os alunos devem criar uma receita individualmente ou em grupo. Entretanto, para tornar a atividade mais divertida e diferente, essa receita deve ser de algo inesperado como uma receita de bolo para um feliz ano novo, docinho dos namorados, torta de amor de mãe etc.

Publicando...

O professor pode criar um *e-Book* de receitas dos alunos e disponibilizar para *download* no *Blog* da turma.

Dica extra

Se o professor preferir as receitas tradicionais (e reais!), pode pedir que os alunos busquem com seus pais ou avós receitas favoritas para compor o livro.

20

Frankenstein

Gênero textual	Conto
Tipo de atividade	Grupos de até dez alunos
Tempo previsto	Uma aula de um tempo
Material	Papel A4 e caneta
Publicando na *Web*	*Blog* da turma

Passo a passo

O professor dispõe a turma em fileiras de dez alunos. Em seguida, distribui uma folha de papel A4 em branco para cada aluno da frente e dá as orientações para a produção do texto.

Cada aluno deverá produzir um parágrafo do texto, dobra o texto para o próximo aluno não ler o que foi escrito e passa para trás. Eles devem seguir as seguintes instruções:

Primeiro aluno: escreve o início da história em até duas linhas.

Segundo aluno: apresenta os personagens principais.

Terceiro aluno: começa a frase com "Então..."

Quarto aluno: introduz uma vilã ou vilão, descrevendo-o em detalhes.

Quinto aluno: conta que o vilão arma um plano.

Sexto aluno: descreve onde os personagens estão, onde o vilão se encontra com o protagonista.

Sétimo aluno: escreve como o vilão coloca o plano em ação.

Oitavo aluno: anuncia a chegada de alguém para avisar ou ajudar os protagonistas sobre o plano do vilão.

Nono aluno: descreve como o vilão se sente e o que faz em seguida, com seu plano frustrado.

Décimo aluno: conta o que aconteceu depois e termina a história.

O resultado costuma ser bastante divertido, pois cada aluno escreve sem ter em mente o que o outro produziu anteriormente.

Depois de terminada essa etapa, os alunos devem trabalhar na revisão do texto, tentando torná-lo mais coeso e coerente, aproveitando-se ao máximo todas as contribuições feitas.

Publicando...

Os alunos podem fazer apresentações no *Prezi*, acrescentando imagens para ilustrar suas histórias.

Dica extra

Para ficar mais animado, o professor pode determinar o tempo com que cada aluno ficará com o papel. Supondo que ele tenha dado dois minutos, deve sinalizar de alguma maneira o término do tempo para que os alunos passem a folha adiante. Pode simplesmente dizer *Já, Passe a folha* ou usar apito, despertador ou algum instrumento musical.

Alunos em fileiras. Folha de papel.

Primeiro aluno: escreve o início da história em até duas linhas. Dobra a folha e passa para trás.

Segundo aluno: escreve os personagens que aparecem. Dobra a folha e passa para trás.

Terceiro aluno: começa a frase com Então...

Quarto aluno: introduz uma vilã ou vilão, descrevendo-o.

Quinto aluno: o vilão arma um plano.

Sexto aluno: os personagens estão...

Sétimo aluno: o vilão coloca o plano em ação.

Oitavo aluno: quem chega para avisar ou ajudar os protagonistas.

Nono aluno: como o vilão se sente e o que faz.

Décimo aluno: como os personagens terminam.

21

História em cartazes

Gênero textual	Conto
Tipo de atividade	Grupos de até cinco alunos
Tempo previsto	Duas aulas de quatro tempos
Material	Cartazes em cartolina, papel pardo ou A3
Publicando na *Web*	*e-Book ou Blog* da turma

Passo a passo

O professor divide a turma em grupos de até cinco alunos e entrega para cada grupo uma folha de papel A3, pardo ou cartolina.

Em cada folha deve vir escrito uma das seguintes informações que eles devem completar com até três palavras:

a) Quem?

b) Onde?

c) Quando?

d) Como?

e) Por quê?

Assim, cada grupo fica responsável por completar o cartaz com a informação nele contida. Depois os cartazes são dispostos na sala ou no quadro e os grupos devem escrever uma história com todas aquelas informações, porém acrescentando ideias ao texto, para que não fiquem todos exatamente iguais.

Publicando...

Os trabalhos podem ser publicados no *Blog* da turma ou em um *e-Book*.

Dica extra

O professor também pode orientar que cada grupo inicie com uma informação. Por exemplo, um grupo inicia destacando *onde* a história aconteceu; outro, *quando* e assim por diante.

22

Uma letra só

Gênero textual	Conto (ou livre)
Tipo de atividade	Grupos
Tempo previsto	Uma aula de dois tempos
Material	Papel, caneta e letras (em EVA, digitadas etc.)
Publicando na *Web*	*Blog* da turma

Passo a passo

A turma é dividida em grupos de até cinco pessoas e o professor distribui uma letra para cada grupo. Eles devem escrever uma história em que todas as palavras sejam iniciadas pela letra recebida. Exceção: artigos, preposições, conjunções.

Depois do tempo determinado – cerca de trinta minutos costuma ser suficiente – cada grupo lê sua história para a turma. Este é um momento de grande descontração e muitos risos.

Publicando...

O *Blog* da turma é um canal ideal para a publicação dessas histórias de uma letra só.

Dica extra

Logicamente há letras mais fáceis que outras para produzir um texto. Geralmente as letras mais fáceis são A, B, C, E, F, G, L, M, P, R.

Circula pela *internet* um texto exemplar, escrito apenas com a letra P. Vários *sites* e *Blogs* disponibilizam o texto, mas a autoria não foi encontrada. Vejamos, então, um bom modelo de texto com uma letra só. Esse texto pode ser distribuído aos alunos antes da elaboração do texto deles, para que vejam que é possível construir um texto com uma só letra – lembrando que, no exemplo a seguir, não houve exceção para artigos, conjunções e preposições. Também pode ser apresentado apenas após a elaboração dos textos dos alunos, apenas para conhecimento do texto.

> Pedro Paulo Pereira Pinto, pequeno pintor português, pintava portas, paredes, portais. Porém, pediu para parar porque preferiu pintar panfletos.
>
> Partindo para Piracicaba, pintou prateleiras para poder progredir.
>
> Posteriormente, partiu para Pirapora. Pernoitando, prosseguiu para Paranavaí, pois pretendia praticar pinturas para pessoas pobres. Porém, pouco praticou, porque Padre Paulo pediu para pintar panelas, porém posteriormente pintou pratos para poder pagar promessas.
>
> Pálido, porém personalizado, preferiu partir para Portugal para pedir permissão para papai para permanecer praticando pinturas, preferindo, portanto, Paris.
>
> Partindo para Paris, passou pelos Pirineus, pois pretendia pintá-los.
>
> Pareciam plácidos, porém, pesaroso, percebeu penhascos pedregosos, preferindo pintá-los parcialmente, pois perigosas pedras pareciam precipitar-se principalmente pelo Pico, porque pastores passavam pelas picadas para pedirem pousada, provocando provavelmente pequenas perfurações, pois, pelo passo percorriam, permanentemente, possantes potrancas.

Pisando Paris, pediu permissão para pintar palácios pomposos, procurando pontos pitorescos, pois, para pintar pobreza, precisaria percorrer pontos perigosos, pestilentos, perniciosos, preferindo Pedro Paulo precaver-se.

Profundas privações passou Pedro Paulo. Pensava poder prosseguir pintando, porém, pretas previsões passavam pelo pensamento, provocando profundos pesares, principalmente por pretender partir prontamente para Portugal.

Povo previdente! Pensava Pedro Paulo... Preciso partir para Portugal porque pedem para prestigiar patrícios, pintando principais portos portugueses. Passando pela principal praça parisiense, partindo para Portugal, pediu para pintar pequenos pássaros pretos.

Pintou, prostrou perante políticos, populares, pobres, pedintes.

• Paris! Paris! Proferiu Pedro Paulo.

• Parto, porém penso pintá-la permanentemente, pois pretendo progredir.

Pisando Portugal, Pedro Paulo procurou pelos pais, porém, Papai Procópio partira para Província.

Pedindo provisões, partiu prontamente, pois precisava pedir permissão para Papai Procópio para prosseguir praticando pinturas. Profundamente pálido, perfez percurso percorrido pelo pai. Pedindo permissão, penetrou pelo portão principal. Porém, Papai Procópio puxando-o pelo pescoço proferiu:

• Pediste permissão para praticar pintura, porém, praticando, pintas pior.

Primo Pinduca pintou perfeitamente prima Petúnia. Porque pintas porcarias?

• Papai, proferiu Pedro Paulo, pinto porque permitiste, porém preferindo, poderei procurar profissão própria para poder provar perseverança, pois pretendo permanecer por Portugal.

Pegando Pedro Paulo pelo pulso, penetrou pelo patamar, procurando pelos pertences, partiu prontamente, pois pretendia pôr Pedro Paulo para praticar profissão perfeita: pedreiro! Passando pela ponte precisaram pescar para poderem prosseguir peregrinando. Primeiro, pegaram peixes pequenos, porém, passando pouco prazo, pegaram pacus, piaparas, pirarucus. Partindo pela picada próxima, pois pretendiam pernoitar pertinho, para procurar primo Péricles primeiro.

Pisando por pedras pontudas, Papai Procópio procurou Péricles, primo próximo, pedreiro profissional perfeito. Poucas palavras proferiram, porém prometeu pagar pequena parcela para Péricles profissionalizar Pedro Paulo.

Primeiramente Pedro Paulo pegava pedras, porém, Péricles pediu-lhe para pintar prédios, pois precisava pagar pintores práticos. Particularmente Pedro Paulo preferia pintar prédios. Pereceu pintando prédios para Péricles, pois precipitou-se pelas paredes pintadas. Pobre Pedro Paulo, pereceu pintando...

Permita-me, pois, pedir perdão pela paciência, pois pretendo parar para pensar...

Para parar preciso pensar.

Pensei!

Portanto, pronto pararei.

23

Vários gêneros

Gênero textual	Vários
Tipo de atividade	Pequenos grupos
Tempo previsto	Duas aulas de quatro tempos
Material	Texto escolhido (leitura prévia), papel e caneta
Publicando na _Web_	_Blog_ da turma

Passo a passo

A partir da leitura de um determinado texto, que pode ser uma notícia, um conto, uma crônica ou outro gênero discursivo, os alunos devem reproduzir a essência da história na forma de um outro gênero.

Por exemplo, uma turma leu o livro _Minhas férias, pula uma linha, parágrafo_ (Christiane Gribel), em que a autora faz uma sátira muito inteligente e divertida acerca das redações escolares. Em seguida, pequenos grupos foram responsáveis por pegar a ideia principal do texto e fazer um texto diferente, cuja essência fosse a mesma do texto lido: as tais redações escolares.

Um grupo escreveu uma carta ao presidente, reivindicando o fim da tortura das redações escolares que fossem pura e simplesmente para a correção de erros de grafia ou gramaticais; outro grupo escreveu um manual de instruções de como deixar um aluno louco com a correção de sua redação; outro, um artigo para uma revista cujo público eram os adolescentes, contando o caso do garoto protagonista do livro; outro, um jornal sensacionalista contou o ocorrido na história etc.

As apresentações costumam render bons risos e os alunos começam também a perceber como cada gênero terá uma estrutura própria que o diferenciará dos demais, tanto no que se refere à linguagem utilizada como em seu próprio formato também.

Publicando...

Os alunos podem publicar seus textos no *Blog* da turma. É bom que o texto motivador da produção textual seja publicado na íntegra antes. Daí, cada grupo pode postar em *comentários* o gênero textual em que precisaram escrever e o resultado, seu texto completo.

Dica extra

O professor pode, ao invés de dar um gênero diferente para cada grupo, optar por solicitar que os grupos escrevam um mesmo gênero. Desta forma, há como comparar as diferentes produções dos alunos, perceber como cada grupo deu destaque às informações essenciais do texto e que recursos linguísticos utilizaram para realizar a atividade proposta.

24

Direitos e deveres

Gênero textual	Lei
Tipo de atividade	Pequenos grupos
Tempo previsto	Duas aulas de quatro tempos
Material	Papel pardo, canetinhas, papel e caneta
Publicando na *Web*	*Google Drive*

Passo a passo

Muitas vezes pensamos em trabalhar a temática da cidadania com nossos alunos, mas talvez sejam poucos os momentos em que trabalhamos a leitura de leis em sala de aula. É importante que levemos trechos da Constituição do Brasil, da CLT ou decretos, estatutos e resoluções que julguemos pertinentes.

Nessa atividade, após os alunos se familiarizarem com a estrutura desse tipo de gênero, com seus artigos, incisos, parágrafos, eles podem criar uma "lei" para alguma coisa que eles julguem importante. Pode ser uma lei que deve ser respeitada pelos (ou voltada para) alunos ou adolescentes, ou mesmo uma lei de proteção às crianças ou à natureza, os direitos do estudante e uma infinidade de ideias que o professor pode propor ou que os alunos podem sugerir.

Depois do processo de escrita, os alunos podem fazer votação das "leis" escritas e podem debater em sala de aula para saberem se essas leis ferem os direitos universais ou outras leis.

Publicando...

Todo o processo de escrita e compartilhamento dessa produção textual pode ser feito no *Google Drive*, no editor de texto. Por ser uma ferramenta que permite a escrita (e reescrita) de forma compartilhada, o *Google Drive* facilita o trabalho de revisão e reescrita sem perda de tempo.

Dica extra

O professor pode promover esta atividade no início do ano, para estabelecer com a turma as regras da classe. Os grupos podem escrever separadamente e, depois, dialogarem sobre suas ideias, até que a turma tenha um único documento que norteará o comportamento dos alunos durante o ano letivo.

25

Revista

Gênero textual	Vários (gêneros variados dentro de uma revista *teen*)
Tipo de atividade	Grupos
Tempo previsto	Várias aulas
Material	Câmera digital, revistas para o público adolescente, papel, tesoura, canetinhas, lápis de cor, canetas
Publicando na Web	*e-Magazine*

Passo a passo

Muitas vezes reclamamos que estamos por fora do que os adolescentes gostam ou pensam, mas não buscamos saber deles mesmos acerca das coisas que os cercam. Com esta atividade, podemos não apenas conhecer um pouco mais do seu universo, como estimular que eles produzam conteúdo voltado para a faixa etária deles.

O professor pode propor à turma a criação de uma revista de adolescente. Os alunos devem se familiarizar com a estrutura de revistas do tipo, tendo acesso a elas na *internet* ou de forma impressa. Desta maneira, os alunos tomarão consciência das várias seções dessas revistas, tais como entrevistas, propagandas, artigos, testes, moda, beleza, horóscopo etc.

Os alunos podem criar uma edição impressa na própria sala de aula, utilizando suas câmeras digitais para tirar fotos que julgarem interessantes, recortes de jornais e revistas e muita cor.

Publicando...

Há várias opções na *Web* para a publicação do trabalho dos alunos no formato de revista digital. Um desses serviços é o *Issuu* (www.issuu.com) através do qual pode-se formatar e compartilhar gratuitamente *e-Books* e revistas digitais.

Dica extra

É bom que cada grupo tenha um líder e uma equipe para cada seção ou grupo de seções, a fim de conseguirem criar a revista de forma organizada.

26

Filme mudo

Gênero textual	Cena de filme
Tipo de atividade	Pequenos grupos
Tempo previsto	Duas aulas de dois tempos
Material	Trecho de filme (pode ser retirado do *YouTube*), papel e caneta
Publicando na *Web*	*Blog* da turma ou *YouTube*

Passo a passo

O professor passa um trecho de filme, preferencialmente desconhecido, no entanto, sem som nenhum. É bom que o trecho escolhido seja uma cena curta ou parte de uma cena.

Os alunos assistem e escrevem o possível diálogo entre os personagens. Para auxiliar, o professor pode repetir o trecho várias vezes enquanto os grupos produzem as falas. O próprio professor ou mesmo os colegas de turma podem auxiliar verificando se o tamanho das falas está muito extenso em relação ao tempo do vídeo.

Depois os grupos podem apresentar suas produções com o vídeo, fazendo as falas dos personagens com o texto que escreveram. Assim, podem comparar o que cada um imaginou ao ver o trecho sem som.

Para finalizar, o professor passa novamente o trecho do vídeo com som, para os alunos conferirem o que foi dito nas falas originais.

Publicando...

Uma maneira divertida de publicar na *Web* é os alunos gravarem suas falas por cima do áudio original (como acontece nas dublagens) e postar no *YouTube* seus resultados. Também podem apenas criar legendas no vídeo.

Outro modo, mais simples, é disponibilizar o vídeo ou o *link* para o vídeo no *Blog* da turma. Em seguida, os alunos postam as suas versões das cenas, anexando arquivo em pdf ou doc, ou mesmo postando suas produções em *comentários*, logo abaixo da postagem do vídeo.

Dica extra

É importante, em ambas as sugestões dadas acima, que na abertura do vídeo fique claro que se trata apenas de um exercício. Também é conveniente que se verifique a questão dos direitos autorais antes de publicar ou utilizar o vídeo escolhido.

Tente não escolher cenas óbvias demais, como as muito românticas que terminam com um beijo apaixonado, pois as falas ficam previsíveis demais.

27

Continue o filme

Gênero textual	Cena de filme
Tipo de atividade	Pequenos grupos
Tempo previsto	Duas aulas de dois tempos
Material	Trecho de filme (pode ser retirado do *YouTube*), papel e caneta
Publicando na *Web*	*Blog* da turma ou *YouTube*

Passo a passo

O professor inicia a exibição de uma cena do filme e pausa na metade, antes de um ponto importante. Daí, ele pede à turma que, em pequenos grupos, respondam: "O que aconteceu depois?"

Os alunos escrevem, narrando ou em forma de diálogos entre os personagens apresentados.

Quando todos tiverem terminado, ele pode sugerir que os grupos leiam para os demais; desta maneira, podem conferir as diferentes ideias dos colegas.

Publicando...

O professor pode postar a cena do filme no *Blog* da turma e os alunos postam suas produções em *comentários*. Os colegas podem comentar acerca dos textos uns dos outros.

Dica extra

Pode-se fazer uma votação para qual versão é a mais interessante e premiar os mais indicados. Essa premiação pode ser simples: adesivos, lápis de cor, certificado de *"melhor escritor"* etc.

28

Meio do filme

Gênero textual	Cena de filme
Tipo de atividade	Pequenos grupos
Tempo previsto	Duas aulas de dois tempos
Material	Trecho de filme (pode ser retirado do *YouTube*), papel e caneta
Publicando na *Web*	*Blog* da turma ou *YouTube*

Passo a passo

Esta atividade é bastante semelhante às duas anteriores. O professor apresenta dois trechos do filme – o início e o fim da cena. Os alunos precisam escrever o que provavelmente aconteceu no meio.

Publicando...

Mais uma vez, o *Blog* da turma pode ser utilizado nesta atividade. Todavia, os alunos também podem utilizar o *PowerPoint*, disponibilizando suas apresentações no *SlideShare*.

Dica extra

Os alunos podem ser solicitados a escrever sobre o que eles criariam para o meio da história, ao invés de terem que "adivinhar" o que de fato aconteceu.

29

Histórias em quadrinhos

Gênero textual	HQ
Tipo de atividade	Pequenos grupos
Tempo previsto	Duas aulas de dois tempos
Material	Cópia das histórias em quadrinhos sem o texto impresso
Publicando na *Web*	*Blog* da turma

Passo a passo

O professor leva para a sala cópias de histórias em quadrinhos, porém, antes, retira a fala dos balões. Os alunos devem imaginar qual é o diálogo de acordo com a história e escrevem nos balões em branco.

Se possível, é bom que este trabalho seja feito diretamente no computador, para facilitar sua publicação na *Web*.

Publicando...

Há vários *sites* que possibilitam a criação de histórias em quadrinhos. É possível criar as histórias e colocar um *link* no *Blog* da turma para as produções.

Dica extra

Para estimular os talentos da turma, os próprios alunos podem desenhar e produzir os textos de suas HQs. Depois, é só escanear e disponibilizar o material *online* no próprio *Blog* da turma.

30

Currículo da mamãe

Gênero textual	Currículo
Tipo de atividade	Individual
Tempo previsto	Duas aulas de dois tempos
Material	Currículos convencionais impressos, papel A4, caneta
Publicando na *Web*	*e-Book* em pdf

Passo a passo

É bom que os alunos conheçam a estrutura de um currículo para que eles mesmos possam organizar esse documento quando precisarem em suas vidas profissionais. Para isso, o professor pode levar currículos convencionais impressos ou apresentar no telão através do *Data-show*. Esses currículos podem ser fictícios.

Com esta atividade, eles irão usar a imaginação para elaborar um currículo diferente em que, além das experiências profissionais, os alunos relatam outras que tornam suas mães uma supermãe. Pode ser recorde em horas acordadas, fraldas trocadas, beijos dados etc.

Publicando...

Depois de os currículos estarem prontos para publicação, eles podem ser reunidos em um *e-Book* em pdf e entregues às mães em ocasiões especiais, como o dia das mães ou no final do ano, por exemplo.

Dica extra

Os currículos podem ter um *link* para vídeo de cada filho relatando o que torna sua mãe especial.

31

O que você faria se...?

Gênero textual	Organização do pensamento
Tipo de atividade	Individual
Tempo previsto	Uma aula de dois tempos
Material	Papel e caneta
Publicando na Web	*Glogster*

Passo a passo

O professor pode mexer com a criatividade dos alunos ao propor que eles escrevam sobre situações hipotéticas. Ele pode iniciar perguntando: *O que você faria se...?* e completar a pergunta com sugestões instigantes para a produção textual. Pode propor que os alunos escrevam apenas um parágrafo ou sugerir que eles façam um texto mais elaborado, com maior concatenação das ideias. Nesse caso, o professor pode orientar que os parágrafos abranjam uma sequência de ações, como por exemplo:

- A primeira coisa que eu faria...

- Logo em seguida, eu.... / Em segundo lugar...

- Possivelmente eu...

- É provável que...

Desta forma, os alunos são incentivados a não apenas responder a uma pergunta, mas a organizar seus pensamentos em um texto mais detalhado.

Publicando...

Os alunos podem publicar suas produções através de um pôster digital, como no *Glogster*, em que eles podem acrescentar imagens, som e vídeo, se preferirem.

Dica extra

Algumas sugestões de fagulha para essa escrita, complementando a pergunta *O que você faria se...?*:

- ...fosse rico e famoso?
- ...suas palavras se transformassem em realidade no mesmo instante?
- ...pudesse mudar algo no mundo?
- ...fosse invisível?
- ...não fosse obrigado a vir à escola?
- ...fosse o presidente do seu país?
- ...tivesse um filho igual a você?

32

Diálogos (im)prováveis?

Gênero textual	Conto
Tipo de atividade	Individual ou pequenos grupos
Tempo previsto	Duas aulas de quatro tempos
Material	Leitura do conto *Agulha e linha* (Machado de Assis), papel e caneta
Publicando na *Web*	*e-Book*

Passo a passo

O professor pode trabalhar previamente com a turma o conto de Machado de Assis, intitulado *Agulha e linha*. Após a leitura, ao destacar as personagens do conto, pode sugerir que os alunos criem um conto em que objetos inusitados conversem entre si. Eles não necessariamente precisam seguir a lógica do conto machadiano, em que há uma disputa de poder. A temática pode ser livre e diversificada.

Publicando...

Os contos podem ser publicados em forma de *e-Book*, cujo título a própria turma pode criar.

Dica extra

Alguns dos possíveis diálogos (im)prováveis pode ser entre:

- Colher e garfo.
- Agulha e linha.
- Panela e tampa.
- Produtos na geladeira.
- Roupas na cômoda.
- *Mouse* e teclado.
- Computador e TV.

33

Letra de música

Gênero textual	Variado
Tipo de atividade	Pequenos grupos
Tempo previsto	Várias aulas
Material	Papel, caneta, som (CD *player*, computador etc.)
Publicando na Web	*Glogster*

Passo a passo

Essa é uma atividade que pode ser usada na produção de gêneros textuais diversos. O professor deve selecionar uma canção em língua estrangeira ou, ainda melhor, uma música sem letra para os alunos se concentrarem com mais facilidade.

Então, o professor toca só a música sem letra e os alunos podem escrever:

a) O que sentem ao ouvir a música.

b) Que diálogo poderia haver com aquela música ao fundo.

c) A "letra" da música (ou uma paródia, conforme a atividade seguinte sugere).

Publicando...

Os alunos podem criar um pôster no *Glogster*, incluindo som ou vídeo no trabalho e publicando o que foi proposto na atividade em sala de aula.

Dica extra

Ao invés de uma música inteira, pode-se trabalhar uma pequena parte, como o refrão ou algum outro trecho.

34

Paródia

Gênero textual	Paródia
Tipo de atividade	Pequenos grupos
Tempo previsto	Várias aulas (ou como tarefa extraclasse)
Material	Letra e música (à escolha dos alunos), tema escolhido previamente
Publicando na *Web*	*YouTube*

Passo a passo

A criação de uma paródia pelos grupos da turma pode ser uma sugestão interessante para se trabalhar um tema transversal, a culminância de um projeto da escola, a celebração de uma data festiva ou até mesmo a fixação de algum ponto gramatical estudado.

Os alunos devem ficar livres para escolher a música que vão parodiar e criam a letra que atenda à temática solicitada pelo professor.

Pode haver um dia marcado para as apresentações dos grupos em sala de aula ou para toda a escola e um júri para escolher a melhor performance.

Publicando...

Os alunos podem gravar suas apresentações e publicar no *YouTube* e pode haver votação *online* para decidir os vídeos mais populares.

Dica extra

Seguem abaixo dois trechos de músicas antigas que alunos do Ensino Médio (pasmem, de 1998!) escolheram para trabalhar pontos gramaticais em minhas aulas de língua portuguesa. O primeiro foi de uma turma de segundo ano, que estava revendo pronomes. A segunda, uma turma de terceiro ano, que estudava sobre orações coordenadas e subordinadas.

Pronominho (paródia de "Mineirinho" – Alexandre Pires)

Meu, minha e tua

São os possessivos

Esse, essa, isso

São para demonstrar

Que, qual, quem

São interrogativos

No assunto pronome

Boto pra quebrar

Dança das orações (paródia de "Dança da Manivela" – Asa de Águia)

É a dança das orações

Eu fui perguntar pra ela, meu amor

Se essas duas orações ela explicou.

Dizendo que tem coordenada e subordinada

A coordenada se divide

Em sindética e assindética.

Pega a aditiva, pega a conclusiva

Pega a explicativa,

Pega adversativa, Pega a conclusiva...

Geralmente são momentos muito divertidos e que promovem bastante aprendizagem dos alunos. Criatividade eles costumam ter sobrando! Algumas letras ficam na nossa memória, mesmo depois de tanto tempo, como é o caso dos exemplos acima.

35

Aumente um ponto

Gênero textual	Conto
Tipo de atividade	Pequenos grupos
Tempo previsto	Uma aula de dois tempos
Material	Papel e caneta
Publicando na *Web*	*Blog* da turma

Passo a passo

Essa atividade é bastante simples. A turma pode ser disposta em grupos de quatro ou cinco alunos. O professor pode dar orientações para a escrita de um conto. Cada grupo inicia escrevendo um parágrafo e passa o papel para o grupo seguinte escrever o próximo parágrafo. O grupo lê o que já está escrito e continua a história. Daí, eles passam novamente a folha para um terceiro grupo para dar continuidade à escrita. Eles podem fazer isso até o texto ter uns quatro ou cinco parágrafos, já incluído o término da história.

Publicando...

Os grupos podem utilizar o *Blog* da turma para postarem seus textos e comentarem nos textos uns dos outros.

Dica extra

O professor pode orientar o processo de escrita, dizendo a cada parágrafo que elementos o texto deve conter, ou acrescentando alguma personagem ou informação nova.

36

Manual de instruções

Gênero textual	Manual de instrução
Tipo de atividade	Pequenos grupos
Tempo previsto	Duas aulas de quatro tempos
Material	Manuais de instruções, papel, caneta, objetos para a criação do manual dos alunos (ou palavras impressas em cartões)
Publicando na Web	*Blog* da turma ou *SlideShare*

Passo a passo

Muita gente reclama que ler manual é chato, que a linguagem usada não é clara – e a pessoa fica ainda mais perdida tentando entender como utilizar o aparelho que acabou de comprar. Por outro lado, muitos jovens "leem" o manual até em chinês e conseguem se entender com a parafernália tecnológica em segundos.

Nessa atividade, os alunos terão contato com um manual de instrução em português, claro, para conhecer a linguagem utilizada e a estrutura do gênero. Pode ser um manual de aparelhos celulares, *ipads* ou outro utensílio doméstico como máquinas de lavar, por exemplo.

Depois dessa fase, os alunos deverão se unir em grupos para escreverem manuais de instrução para "produtos" inusitados. Podem ser sobre como utilizar objetos corriqueiros como canetas, livros, cadeiras etc., ou mesmo ideias como: manual da amizade, guia das mães, meu próprio manual, entre outras ideias que o professor ou os próprios alunos podem apresentar.

Publicando...

Os grupos podem publicar os manuais no *Blog* da turma ou fazer apresentações em *PowerPoint* e compartilhar no *SlideShare*.

Dica extra

Seja qual for o manual, o interessante é que o manual inclua o passo a passo de como "utilizar" o produto descrito, as advertências acerca do mau uso, assistência técnica, entre a infinidade de informações que um manual geralmente traz.

O resultado costuma ser bastante divertido, pois os alunos entram na brincadeira e conseguem criar, em alguns casos, complicadíssimos manuais até mesmo para os objetos mais simples!

37

Bula de remédios poderosos

Gênero textual	Bula de remédios
Tipo de atividade	Pequenos grupos
Tempo previsto	Duas aulas de quatro tempos
Material	Bulas diversas, papel e caneta
Publicando na Web	*Blog* da turma, *Glogster* ou *SlideShare*

Passo a passo

Primeiramente, o professor deve levar ou solicitar que os alunos levem à sala de aula bulas de remédio. É importante trabalhar o gênero, a fim de que os alunos entendam que informações buscar em uma bula.

Depois desse trabalho, os alunos podem se reunir em pequenos grupos para eles mesmos escreverem suas bulas para remédios superpoderosos, os quais podem ser sugestões do professor ou frutos da criatividade dos próprios alunos.

Os alunos pensam em um remédio que não existe – por exemplo: pílula da honestidade, xarope da solidariedade, chá de paciência. Em seguida, eles descrevem o remédio usando o modelo do gênero bula, a qual, ao final, deve conter os itens como descrição, posologia, efeitos colaterais, indicação etc.

Publicando...

Os resultados finais podem ser publicados no *Blog* da turma ou em *PowerPoint*, compartilhado no *SlideShare*.

Dica extra

O professor pode escolher apenas um "remédio" para toda a turma, a fim de depois comparar as diferentes bulas ou pode estabelecer um determinado "remédio" para cada grupo.

38

Provérbios

Gênero textual	Conto
Tipo de atividade	Individual
Tempo previsto	Uma aula de dois tempos
Material	Provérbios, papel e caneta
Publicando na Web	e-Book

Passo a passo

Os provérbios ou ditos populares possuem uma grande capacidade de sintetizar informação e passar conhecimentos sobre a vida.

O professor pode escolher uns cinco provérbios e escrevê-los no quadro, projetá-los através do *Data-show* ou escrevê-los em pequenos cartazes afixados na parede. Então, solicita aos alunos que, individualmente, criem uma história em que, ao final, a personagem encerre o conto dizendo um dos provérbios, o qual, logicamente, deve sintetizar a trama narrada.

Publicando...

Ao final de todo o trabalho de revisão e compartilhamento entre os colegas da classe, os contos com base nos provérbios podem ser publicados em *e-Books*.

Dica extra

Os alunos também podem ser solicitados a fazerem pesquisas sobre provérbios utilizados em suas famílias e escolher aqueles mais marcantes ou pesquisarem na *internet* alguns provérbios e escolher um para produzir seu conto.

É interessante esse trabalho, pois muitos alunos desconhecem o significado dos vários ditados populares e tentam compreendê-los de forma literal. A partir da exposição aos diversos provérbios e a discussão em sala de aula acerca de seus significados, sua leitura das metáforas contidas nos provérbios melhora consideravelmente.

A seguir, transcrevo uma lista de provérbios disponíveis no *site* http://www.suapesquisa.com/musicacultura/proverbios.htm

- Dai a César o que é de César e a Deus o que é de Deus.
- Quem com ferro fere, com ferro será ferido.
- Mais vale um pássaro na mão do que dois voando.
- A pressa é a inimiga da perfeição.
- Cavalo dado não se olha os dentes.
- A ocasião faz o ladrão.
- Quando um não quer, dois não brigam.
- Antes calar que mal falar.
- Água mole em pedra dura, tanto bate até que fura.
- Cada cabeça, cada sentença.
- Caiu na rede é peixe.
- Casa de ferreiro, espeto de pau.
- O seguro morreu de velho.
- Cada macaco no seu galho.
- Quem tudo quer nada tem.
- Devagar se vai ao longe.

- De grão em grão a galinha enche o papo.
- Errar é humano.
- Falar é fácil, fazer é que é difícil.
- Filho de peixe, peixinho é.
- Leite de vaca não mata bezerro.
- Nada como um dia depois do outro.
- Não há rosas sem espinhos.
- Não se faz uma omelete sem quebrar os ovos.
- Nunca digas que desta água não bebereis.
- O barato sai caro.
- Onde há fumaça, há fogo.
- Pela boca morre o peixe.
- Quem ama o feio, bonito lhe parece.
- Quem espera sempre alcança.

Ou estes, do *site* http://www.fraseseproverbios.com/proverbios-populares.php

- É na necessidade que se conhece o amigo.
- Mais vale um pássaro na mão do que cem voando.
- Pense duas vezes antes de agir.
- Depois da tormenta, sempre vem a bonança.
- Aprenda todas as regras e transgrida algumas.
- De grão em grão, a galinha enche o papo.
- Não há bem que sempre dure, nem mal que nunca se acabe.
- Não confie na sorte. O triunfo nasce da luta.
- Dizei-me com quem andas e eu te direi quem és.
- A união faz a força.
- Se cair, do chão não passa.

- Aqui se faz, aqui se paga.
- Os últimos serão os primeiros.
- Quem tem boca vai a Roma.
- Pense rápido, fale devagar.
- Melhor um pardal na mão do que um pombo no telhado.
- É melhor prevenir do que remediar.
- À noite todos os gatos são pardos.
- Quem não tem cão caça com gato.
- Uma andorinha só não faz verão.
- Dia de muito, véspera de pouco.
- Desgraça pouca é bobagem.
- Papagaio come milho, periquito leva fama.
- Os melhores homens são os que as mulheres julgam melhores.
- Falar é prata, calar é ouro.
- Nunca puxe o tapete dos outros, afinal você também pode estar em cima dele.
- Quem tudo quer, tudo perde.
- Devagar se vai longe.
- Agora, Inês é morta.
- Em rio que tem piranha, jacaré nada de costas.

39

Concurso de oratória

Gênero textual	Discurso
Tipo de atividade	Individual
Tempo previsto	Várias aulas
Material	Papel, caneta
Publicando na *Web*	*YouTube*

Passo a passo

Muitas vezes estamos tão preocupados na tarefa de educar nossos alunos para lerem e escreverem bem, que acabamos deixando de lado o trabalho com o desenvolvimento da expressão oral deles.

Falar bem, com desenvoltura, desembaraço e demonstrando proficiência na língua portuguesa é uma habilidade que precisa ser desenvolvida na escola. Então, essa atividade visa auxiliar tornar essa tarefa mais significativa.

O professor (ou os professores) de Língua Portuguesa pode promover um concurso de oratória na sala ou na escola. Podem decidir se a inscrição será de caráter obrigatório ou voluntário. De igual maneira, o tema pode ser livre ou determinado pela banca julgadora dos discursos.

O aluno inscrito deve ter um tempo para preparar seu discurso escrito, treinar a sua fala para apresentar-se em público no dia determinado.

Publicando...

Ao invés de fazer apresentações ao vivo, os alunos podem ser solicitados a postarem o vídeo de seus discursos no *YouTube*. Além disso, dependendo da temática escolhida, os discursos escritos podem ser publicados em *e-Book* ou no *Blog* da turma.

Dica extra

É bom que o aluno vencedor ganhe realmente alguma premiação – seja uma medalha, troféu ou mesmo um certificado. Afinal, falar em público é um dos grandes medos da humanidade e eles terão enfrentado esse medo!

40

Letras de música II

Gênero textual	Conto
Tipo de atividade	Pequenos grupos
Tempo previsto	Uma a duas aulas de dois tempos
Material	Papel, caneta, versos de letras de músicas conhecidas dos alunos
Publicando na Web	*Glogster* ou *Blog* da turma

Passo a passo

O professor deve selecionar previamente alguns versos de, pelo menos, três canções diferentes. De preferência, esses versos devem ser de letras conhecidas pelos alunos.

Ele distribui tiras de papel com os versos aleatoriamente escolhidos. Os alunos devem escrever um conto inserindo os versos na história.

Publicando...

Os alunos podem criar um pôster digital com sua produção de texto, inserindo um *hiperlink* nos versos para as letras originais das músicas. Também podem adicionar imagens se quiserem.

Dica extra

O ideal é que os versos entregues aos alunos sejam de letras de música diferentes.

41

Mesma história, diferentes fontes

Gênero textual	Artigos de jornais e revistas (de diferentes estilos)
Tipo de atividade	Pequenos grupos
Tempo previsto	Uma a duas aulas de dois tempos
Material	Notícia, reportagem ou artigo de jornal ou revista com data recente
Publicando na Web	Jornal *online*, *e-Magazine* ou *Blog* da turma

Passo a passo

Os alunos devem ler uma informação que deverá ser escrita em forma de pequena reportagem ou artigo de jornal ou revista. O professor deve indicar apenas as informações básicas, tais como: o que, onde, quando, como, por que e quem está publicando.

Então, a turma, dividida em pequenos grupos, deverá escrever uma pequena reportagem para um jornal ou revista, de acordo com o que sortearem em uma sacola. Isso os ajudará a perceber como o suporte e o público a que se destina influencia na maneira de se escrever o artigo.

Os possíveis veículos da notícia podem ser os seguintes:

a) Jornal sensacionalista.

b) Jornal sério.

c) Revista feminina.

d) Revista adolescente.

e) Revista de negócios.

Publicando...

A turma pode criar um jornal *online* e publicar seus artigos. O *link* para ele pode ficar disponível no *Blog* da turma.

Dica extra

Se houver tempo, o projeto pode ser a criação de um jornal ou revista completo, contendo todas as seções que um jornal ou revista possui, com notícias recentes.

42

Uma imagem provoca mil palavras

Gênero textual	Vários (gêneros imagéticos)
Tipo de atividade	Individual ou pequenos grupos
Tempo previsto	Várias aulas
Material	Imagens impressas ou digitais (apresentadas no *Data-show)*
Publicando na Web	*e-Magazine*

Passo a passo

O professor leva para a sala de aula uma fotografia, quadro, anúncio de revistas (em que predomine a imagem) ou imagens digitalizadas. Pode ser uma para toda a turma ou, se preferir, pode distribuir uma imagem diferente para cada aluno.

Individualmente ou em grupos, eles criam uma história que retrate a cena ou que justifique a gravura.

Publicando...

Se for autorizada a reprodução das imagens, pode ser criada uma revista digital (*e-Magazine*) em que cada página inicie com a imagem escolhida e, em seguida, o texto produzido pelos alunos.

Dica extra

Os alunos também podem produzir as imagens com seus celulares, tirando fotos de detalhes da natureza, uma cena que tenha chamado sua atenção, um lugar especial etc. e produzirem os textos para essas imagens.

43

Tirinha cômica

Gênero textual	HQ
Tipo de atividade	Pequenos grupos
Tempo previsto	Duas a três aulas de dois tempos
Material	Papel, caneta, canetinhas, lápis de cor. Se possível, laboratório de informática
Publicando na *Web*	*e-Magazine* / *sites* de HQ; *Blog* da turma

Passo a passo

Os alunos devem observar e ler tiras cômicas de jornais ou revistas antes de produzir suas próprias.

Essa atividade pode ser totalmente feita *online*, em *sites* específicos para tirinhas, os quais já apresentam situações e personagens e os alunos inserem os diálogos.

Os alunos podem se inspirar nos nomes de personagens já existentes e criar personagens com determinadas características para suas tirinhas. Eles devem colocar seus personagens em situações que correspondam a suas características principais e criar diálogos divertidos. Para isso, é bom que o professor oriente para que eles introduzam uma ruptura dentro de uma sequência previsível.

Se as tirinhas forem feitas em sala de aula, os alunos devem desenhar e colorir as imagens e cuidar para que as frases caibam nos balões das falas. Fazendo a atividade em *sites* específicos, os alunos só precisam se concentrar no enredo do diálogo e as falas dos personagens.

Publicando...

Os alunos podem fazer suas tirinhas diretamente em *sites* específicos, como o http://www.pixton.com/br/my-home http://www.wittycomics.com/ ou http://www.stripcreator.com/make.php Eles possuem versões gratuitas e, após criar suas tirinhas, os alunos podem enviar o *link* por *e-mail* ou disponibilizar no *Blog* da turma ou o grupo da turma no *Facebook*.

Dica extra

Ao invés de tirinhas cômicas, o professor pode propor tirinhas temáticas para algum tema que esteja trabalhando durante o bimestre ou algum assunto que esteja sendo debatido em sala.

No *Pixton*, por exemplo, os alunos também podem fazer *download* dos seus quadrinhos e imprimirem para o caso de haver uma mostra dos trabalhos na escola.

Com a fama dos memes, vale bastante a pena utilizar o *site* http://ragegenerator.com/ Os alunos vão adorar criar e compartilhar suas histórias com os memes. Eles podem enviar para *Twitter*, *Pinterest* ou *Facebook* e fazerem comentários nas produções dos colegas.

44

Parafraseando

Gênero textual	Paráfrase
Tipo de atividade	Individual ou pequenos grupos
Tempo previsto	Várias aulas
Material	Citações diversas, papel, caneta
Publicando na Web	*Blog* da turma

Passo a passo

A paráfrase implica dizer, em outras palavras, aquilo que está dito em um texto, seja para torná-lo mais claro ou para evitar citações longas desnecessariamente, em especial em trabalho acadêmico, no qual é necessário citar fontes diversas, porém evitar o uso das palavras exatas do autor do texto quando possível.

Para os alunos parafrasearem é necessário que eles entendam muito bem a ideia do texto. Se não entenderem, como conseguirão colocar em suas próprias palavras?

Além disso, eles podem ser orientados a reescreverem o texto existente seguindo a ordem em que as ideias aparecem no texto original, mantendo as informações essenciais, não tecendo comentários pessoais e, logicamente, lançando mão de vocabulário diferente.

Para isso, o professor pode trabalhar com citações de personalidades das diversas áreas do conhecimento e solicitar que os alunos, individualmente ou em grupos, parafraseiem as frases.

Publicando...

Os alunos podem utilizar o *Blog* da turma para publicar as citações e suas paráfrases. Os colegas podem fazer comentários, a fim de estimular outras paráfrases possíveis.

Dica extra

Ao invés de trabalhar com citações de pessoas famosas, os alunos podem fazer trocas de mensagens entre eles e escrever a paráfrase dessas mensagens. Outra sugestão é eles contarem uma notícia de jornal com suas próprias palavras também.

Esse tipo de atividade auxilia os alunos a focarem na essência da mensagem e a não omitirem informações que sejam relevantes.

45

Dicionário pessoal

Gênero textual	Verbete de dicionário
Tipo de atividade	Pequenos grupos
Tempo previsto	Duas a três aulas de dois tempos ou várias aulas durante o ano letivo
Material	Editor de textos
Publicando na *Web*	Glossário no *Blog* da turma ou *e-Book* como dicionário

Passo a passo

O professor pode estimular o aumento de vocabulário por parte dos alunos ao pedir que eles criem, individualmente ou em conjunto, um dicionário com palavras encontradas em leituras feitas, debates nas aulas, apresentações de colegas etc.

Esse dicionário pode ser feito em um documento do *Word* ou, preferencialmente, através do *Google Drive*, pois este permite a escrita colaborativa e a visualização do documento por todas as pessoas, em lugares diferentes, ao mesmo tempo.

Esta atividade serve para os alunos perceberem o caráter polissêmico das palavras, visto que uma palavra pode ter um significado específico para um grupo e outro para determinado grupo, bem como assumir significados diferentes de acordo com o contexto em que aparece.

Publicando...

Ao final de um determinado período, o professor pode sugerir a publicação dos verbetes em forma de dicionário. Para isso, pode utilizar os recursos para confecção de *e-Books* disponíveis na *internet*.

Dica extra

Para tornar a atividade mais divertida e diferente, o professor pode propor que, ao invés de os dicionários conterem as definições formais das palavras, eles tragam as definições pessoais e criativas dos alunos.

O professor pode sugerir algumas palavras ou fazer com a turma um *brainstorming* para decidirem juntos que palavras podem fazer parte desse dicionário diferente.

Na *internet* encontramos algumas definições inusitadas (atribuídas a crianças), tais como: relâmpago é um barulho rabiscando o céu; sono é saudade de dormir; arco-íris é uma ponte de vento; rede é uma porção de buracos amarrados com barbante.

Fazer essa atividade com os adolescente pode significar um despertar da criatividade deles – e da nossa também!

46

Relatório de uma visita

Gênero textual	Relatório
Tipo de atividade	Individual ou pequenos grupos
Tempo previsto	Duas aulas de dois tempos
Material	Papel, caneta
Publicando na *Web*	*Blog* da turma

Passo a passo

Muitas vezes promovemos passeios e idas a eventos culturais, mas esquecemo-nos de aproveitar a oportunidade para desenvolver a competência escrita de nossos alunos.

Com esta atividade, podemos sugerir que nossos alunos prestem mais atenção aos eventos dos quais eles participarem, registrando o que observaram e fazendo uma reportagem, um relatório descritivo sobre um lugar e seus acontecimentos.

Nesse relatório, os alunos podem escrever sobre a situação ou lugar que visitaram, anotando em um caderno todas as ideias que ocorrerem. Depois, eles devem ter um esquema que os ajude a organizar as ideias no papel, a fim de selecionar o que deve entrar no relatório e organizar a sequência das anotações.

Publicando...

Os alunos podem publicar seus relatórios no *Blog* da turma e fazer comentários nos relatórios uns dos outros.

Dica extra

Ao invés de fazerem um relatório de uma determinada atividade ou passeio, o professor pode propor que os alunos escolham uma situação ou lugar para observar – atividade esportiva, viagem de ônibus (trem, metrô), compras no supermercado, reunião em família etc. Daí, eles anotam tudo o que virem, ouvirem, sentirem. Incluem diálogos que ouvirem e não incluem interpretações pessoais, só suas observações factuais.

Depois, eles devem elaborar seu relatório, incluindo desenhos, gravuras, fotografias etc. às suas produções textuais.

47

Resumo

Gênero textual	Resumo
Tipo de atividade	Individual ou pequenos grupos
Tempo previsto	Várias aulas
Material	Papel, caneta, texto a ser resumido
Publicando na *Web*	*e-Magazine*

Passo a passo

Um resumo é um dos gêneros que precisam ser mais bem trabalhados em nossas aulas de Língua Portuguesa. Muitos ainda acreditam que resumir é criar uma miniatura do texto original. Então, se um texto tem trinta linhas e o suposto resumo termina em quinze linhas, acredita-se que a síntese das ideias esteja bem representada. Ledo engano.

Resumir é justamente sintetizar ou reduzir o texto a sua menor expressão. E, assim, não é uma tarefa muito fácil. Há que se compreender bem um texto antes de tentar resumi-lo. Para isso, o texto é lido mais de uma vez, as ideias principais são destacadas.

É necessário também que os alunos aprendam a fazer as referências bibliográficas dos textos resumidos.

Por estas razões, pode ser que esta atividade leve várias aulas para ser concluída.

Publicando...

Mais uma vez, uma revista digital (*e-Magazine*) pode ser criada para dar conta de publicar as produções textuais dos alunos depois de avaliados, editados e corrigidos.

Dica extra

O professor pode pedir que as duplas ou trios resumam um mesmo texto ou dar textos diferentes para cada grupo fazer o resumo. O ideal é que na publicação também se encontre os originais junto com seus respectivos resumos, para que todos possam avaliar os melhores resumos, os quais conservaram as ideias principais do texto.

48

Notícias da escola

Gênero textual	Jornal escolar
Tipo de atividade	Turma dividida em vários grupos
Tempo previsto	Várias aulas
Material	Papel, caneta, câmera digital / celular
Publicando na Web	*e-Magazine*

Passo a passo

Os alunos podem aprender a escrever notícias de forma sucinta e relevante, ao produzirem o jornal da escola.

Para isso é bom que a turma seja dividida em vários grupos, cada um responsável por uma seção do jornal: classificados, entrevistas, horóscopo, esportes, reportagens importantes, colunas de fofoca, imagens etc.

O jornal pode ser mensal, para facilitar a articulação do professor com todos os grupos e para que os alunos tenham tempo de buscar notícias interessantes e pertinentes para seus jornais.

Antes de produzirem, os alunos devem escolher um nome para o jornal, estabelecer que seções ele terá e quem ficará encarregado de buscar as "notícias" e escrever os textos.

Importante ter cautela principalmente com a seção de "fofoca", pois os alunos precisam ter tato para não publicarem o nome de colegas ou professores e criarem conflitos desnecessários.

Publicando...

O jornal pode ser publicado através dos mesmos recursos em que criamos *e-Books* ou *e-Magazines* e disponibilizados no *Blog* da turma, *site* ou página da escola no *Facebook*.

Dica extra

Se o professor trabalhar com várias turmas, pode fazer o revezamento de turmas para publicação mensal dos jornais. Assim, não sobrecarrega os alunos e dá a oportunidade de todos assumirem posições de liderança e exercerem a prática escrita do jornal.

49

Banco da literatura universal

Gênero textual	Contos
Tipo de atividade	Individual ou pequenos grupos
Tempo previsto	Várias aulas
Material	Papel, caneta
Publicando na *Web*	*e-Book*

Passo a passo

Nessa atividade, os alunos poderão explorar livremente sua criatividade, aliada à busca no "banco" da literatura universal. Eles podem procurar por personagens ou mesmo situações das histórias consolidadas nos contos, lendas, fábulas etc.

Em seguida, ao produzirem seus contos, eles podem misturar personagens, mudar finais de histórias, incluir novos acontecimentos, fazer cenas diferentes e o que mais a imaginação permitir.

Para isso é importante que os alunos tenham acesso a textos variados da literatura, a fim de ter um repertório na sua busca.

No começo, pode ser que os alunos não consigam criar toda uma história inteira. Basta, portanto, pedir um trecho, um parágrafo, uma cena, ou um diálogo, para que o aluno dê conta de escrever criativamente.

Publicando...

Os contos podem ser publicados em livros digitais, preferencialmente usando imagens para ilustrar as histórias.

Dica extra

O professor pode propor a leitura de textos específicos como determinadas fábulas, lendas e contos maravilhosos. Em seguida, pode sugerir que os alunos escrevam seus textos tendo em mente apenas aquelas histórias lidas em sala de aula, para que todos tenham o mesmo ponto de partida – e surpreendam-se com os resultados interessantes que costumam surgir nessa atividade de escrita.

50

A história do nome

Gênero textual	Vários
Tipo de atividade	Pequenos grupos
Tempo previsto	Várias aulas
Material	Papel, caneta
Publicando na *Web*	*Blog* da turma, *YouTube*

Passo a passo

Essa é uma atividade que pode ser feita logo na primeira ou nas primeiras aulas. O professor dispõe os alunos em grupos de até cinco e pede que eles conversem sobre o porquê de terem recebido os seus nomes.

Depois, um representante de cada grupo pode apresentar os demais, contando as histórias simples ou, em muitos casos, bastante hilárias para os colegas.

Em seguida, o professor pode propor que esses mesmos grupos escrevam um texto que englobe os nomes de todos os componentes.

Ele pode sugerir um gênero diferente para cada grupo. Por exemplo, um grupo escreve as histórias contadas em forma de poesia; outro, paródia de música infantil; outro, notícia de jornal, e assim por diante.

Publicando...

Depois de os grupos produzirem seus textos e apresentá-los para a turma, eles podem publicar as produções no *Blog* da turma, se possível apresentando a foto de cada componente apresentado.

Dica extra

Se os alunos desejarem e for possível, pode-se gravar as apresentações dos textos em vídeo, fazer o carregamento para o *YouTube* e disponibilizar o *link* no *Blog* da turma para uma apresentação mais real.

Referências

ALTENFELDER, A.H. et al. *Fundamentos para a prática pedagógica na cultura digital* – Ensinar e aprender no mundo digital. São Paulo: Cenpec, 2011.

BAKHTIN, M. "Os gêneros do discurso". *Estética da criação verbal.* São Paulo: Martins Fontes, 2000, p. 278-326.

BEREITER, C. & SCARDAMALIA, M. The psychology of written composition. Hillsdale, NJ: Lawrence Erlbaum, 1987.

BERKENKOTTER, C. & HUCKIN, T. "Suffer the little children: learning the curriculum genres of school and university". *Genre knowledge in disciplinary communication*: cognition / culture / power. Hillsdale, NJ: Lawrence Erlbaum, 1995, p. 151-169.

BUZATO, M. El Khouri. *O letramento eletrônico e o uso do computador no ensino de Língua Estrangeira*: contribuições para a formação de professores. Campinas: Unicamp, 2001 [Dissertação de mestrado].

CELANI, M.A.A. "Culturas de aprendizagem: risco, incerteza e educação". In: MAGALHÃES, M.C. (org.). *A formação do professor como um profissional crítico*: linguagens e reflexão. Campinas: Mercado de Letras, 2004, p. 37-56.

CHIARETTI, A.P. "A performance do diálogo no livro didático de inglês". In: PAIVA, V.L.M.O. (org.). O ensino de língua inglesa: reflexões e experiências. Belo Horizonte: Pontes, 1996, p. 123-136.

FOFONCA, E. & MIRANDA, R. "Um conceito de leitura imersiva e a construção da textualidade no ciberespaço". Revista E-Letras, vol. 20, n. 20, dez./2010. Curitiba: Universidade Tuiuti do Paraná [Disponível em http://www.bocc.ubi.pt/pag/fofonca-miranda-um-conceito-de-literatura-imersiva.pdf – Acesso em 10/12/11].

FREIRE, P. "Desafios da educação de adultos ante a nova reestruturação tecnológica". *Pedagogia da indignação* – Cartas pedagógicas e outros escritos. São Paulo: Unesp, 2000, p. 87-102.

GRIBEL, C.A. *Minhas férias, pula uma linha, parágrafo.* São Paulo: Salamandra, 1999.

HALLIDAY, M.A.K. & HASAN, R. "The structure of a text; the identity of a text". Language, context, and text: aspects of language in a social-semiotic perspective. Oxford: Oxford University Press, 1989, p. 52-53.

HYON, S. A genre-based approach to ESL reading: implications for North America and Australia. [s.l.]: University of Michigan, 1995 [Dissertação de mestrado].

JOHNS, A.M. *Genre in the classroom*: multiple perspectives. Mahwah, NJ: Lawrence Erlbaum, 2002.

_____. "Genre and social forces – 'Homely' and academic texts". Text, role, and context – Developing academic literacies. Cambridge: Cambridge University Press, 1997, p. 38-50.

KRESS, G. "Genre as social process". In: COPE, B. & KALANTZIS, M. (orgs.). *The power of literacy*: a genre approach to teaching writing. Pitisburgo: Pittsburgh University Press, 1993, p. 22-27.

LOUHIALA-SALMINEN, L. "The concept of genre: from move analysis to thick description". *From business correspondence to message exchange*: the notion of genre in business communication. [s.l.]: University of Jyväskylä/Centre of Applied Language Studies, 1999, p. 38-74.

MAGALHÃES, M.C.C. "A linguagem na formação de professores como profissionais reflexivos e críticos". In: MAGALHÃES, M.C. (org.). *A formação do professor como um profissional crítico*: linguagens e reflexão. Campinas: Mercado de Letras, 2004, p. 59-85.

MANGAN, P.K.V.; SARMENTO, D.F. & MANTOVANI, A.M. "As tecnologias da informação e da comunicação: recortes de experiência no contexto da formação inicial do professor". *Colabor@* – Revista Digital da CVA, vol. 6, n. 22, fev./2010, 12 p.

MARCUSCHI, L.A. "Gêneros textuais emergentes no contexto da tecnologia digital". In: MARCUSHI, L.A. & XAVIER, A.C. (orgs.). *Hipertexto e gêneros digitais*: novas formas de construção de sentido. 2. ed. Rio de Janeiro: Lucerna, 2005, p. 13-67.

_____. "Gêneros textuais: definição e funcionalidade". In: DIONÍSIO, A.P.; MACHADO, A.R. & BEZERRA, M.A. (orgs.). *Gêneros textuais e ensino*. Rio de Janeiro: Lucerna, 2002, p. 20-35.

_____. Da fala para a escrita: atividade de retextualização. São Paulo: Cortez, 2001, p. 15-43.

MARTIN, J.R. *Grammar meets genre*. [s.l.]: Sydney School/Department of Linguistics/University of Sidney, ago./2000, p. 1-5 [mimeo.].

MEC – *Parâmetros Curriculares Nacionais* – Terceiro e quarto ciclos do Ensino Fundamental: língua estrangeira. Brasília: MEC/SEF, 1997.

MEURER, J.L. "O conhecimento de gêneros textuais e a formação do profissional da linguagem". In: FORTKAMP, M.B. & TOMICH, L.M.B. (orgs.). Aspectos da Linguística Aplicada. São Paulo: Mercado das Letras, 2000, p. 1.490ss.

MILLER, C. "Genre as social action". In: FREEDMAN, A. & MEDWAY, P. (orgs.). Genre and the new rethoric. Londres: Taylor & Francis, 1984/1994, p. 23-42.

MYERS, G. "Powerpoints: technology, lectures, and changing genres". In: TROSBORG, A. *Analysing professional genres*. Amsterdã: John Benjamins, 2000, p. 177-191.

PALTRIDGE, B. "Genre, text type, and the English for Academic Purposes (EAP) classroom". In: JOHNS, A.M. (org.). Genre in the classroom – multiple perspectives. Hillsdale: Lawrence Erlbaum, 2002, p. 73-90.

_____. Genre and the language learning classroom. Michigan: The University of Michigan Press, 2001.

POSSENTI, S. *Por que (não) ensinar Gramática na escola*. Campinas: Mercado das Letras/Associação de Leitura do Brasil, 2006.

SCHÖN, D.A. "Formar professores como profissionais reflexivos". In: NÓVOA, A. (org.). *Os professores e sua formação*. Lisboa: Dom Quixote/Instituto de Inovação Educacional, 1995, p. 77-92.

SILVA, É.S.C. "Leitura e escrita no ciberespaço: desafios ao professor de língua". *Hipertextus*, 4, 2010 [Disponível em http://www.hipertextus.net/volume4/Erika-Suellem-Castro-SILVA.pdf – Acesso em 27/12/11].

SILVA, M.C. *A avaliação da leitura em Língua Estrangeira*: explorando gêneros textuais. Rio de Janeiro: UFF, 2004, p. 76-82 [Tese de doutorado].

SOARES, M. "Letramento e alfabetização: as muitas facetas". *Revista Brasileira de Educação*, n. 25, jan.-abr./2004, p. 5-17 [Disponível em: http://www.scielo.br/pdf/rbedu/n25/n25a01.pdf – Acesso em out./2011].

_____. "Novas práticas de leitura e escrita – Letramento na cibercultura". *Educação e Sociedade*, vol. 23, n. 81, dez./2002, p. 143-160. Campinas [Disponível em: http://www.scielo.br/pdf/es/v23n81/13935.pdf – Acesso em out./2011].

SWALES, J. "Key concepts: the concept of discourse community: the concept of genre". In SWALES, J. *Genre analysis*. Cambridge: Cambridge University Press, 1990, p. 21-31, 33-67.

TAVARES, K. "A formação do professor *online*: de listas de recomendações à reflexão crítica". Palestra ministrada no *II Seminário de Estudos em Linguagem, Educação e Tecnologia*. Rio de Janeiro: UFRJ/Faculdade de Letras, de 21-31/05/07.

TROSBORG, A. (org.). *Analysing professional genres*. Amsterdã: John Benjamins, 2000.

VIANA, C.E. & BERTOCCHI, S. *Em tempos de Web 2.0*: Twitter e Webcurrículo, 04/11/09 [Disponível em: http://www.educared. org/educa/index.cfm?pg=internet_e_cia.informatica_principal &id_inf_escola=819 – Acesso em 27/12/11].

XAVIER, A.C.S. "Letramento digital e ensino". *Online*, 9 p. [Disponível em: http://www.ufpe.br/nehte/artigos/Letramento%20 digital%20e%20ensino.pdf – Acesso em nov./2011].

ZILLES, J. & SILVEIRA, S. "As atividades de leitura e produção de texto do livro didático *Headway e a sensibilização para diferentes gêneros do discurso*". In: SARMENTO, S. & MULLER, V. (orgs.). O ensino do Inglês como língua estrangeira: estudos e reflexões. Porto Alegre: Apirs, 2004, p. 211-227.

Sites sugeridos para se publicar na *Web*

Blog – Há várias opções gratuitas disponíveis na *internet*. Sugerimos os seguintes: http://www.blogger.com Este é o que costumo usar com meus alunos. • http://www.criarumblog.com/

Glogster – Para a criação de pôsteres digitais multimidiáticos: http://www.glogster.com/ Esta versão não permite gerenciamento de alunos e turmas (cf. a opção abaixo), mas pode ser funcional para os casos em que os alunos criarão os *glogsters* em casa ou no laboratório e compartilharão através do *Facebook, blog, e-mail* ou lista no *Google Drive*, por exemplo. • http://edu.glogster.com/ Para alunos ou educadores, criação de pôsteres multimidiáticos voltados para o ensino-aprendizagem em diversas áreas. A versão gratuita só permite a criação dos pôsteres. Há versões pagas e, claro, mais completas. • http://edu.glogster.com/what-is-glogster-edu/#five Detalha como e para que utilizar os *glogs* com a proposta do *Glogster*.

Google Drive – É uma ferramenta que permite a criação e o compartilhamento de documentos, apresentações, planilhas e formulários *online*. www.google.com.br Buscar a opção *Google Drive*. Basta ter uma conta de *e-mail* aceita pelo Google (como *Hotmail* ou *Gmail*, por exemplo). Os documentos podem ser produzidos colaborativamente, bastando compartilhar com outras pessoas o texto, a apresentação ou a planilha que estiverem sendo escritos. Clicando em "Experimente o *Google Drive* agora" pode-se ter uma ideia dos recursos disponíveis nessa ferramenta.

HQs – Criação de histórias em quadrinhos ou tirinhas cômicas. Dentre as várias ferramentas disponíveis, sugerimos: http://www.pixton.com/br/my-home – Inscrição rápida e fácil. Permite a criação de um quadrinho ou de um livro de quadrinhos (esta última opção é paga, mas o valor é bastante modesto). • http://www.wittycomics.com/ Recursos limitados, mas vale a pena conferir, mesmo assim. • http://www.stripcreator.com/make.php O mesmo comentário feito acima vale para este *site*. De qualquer modo, dependendo do nível da turma, vale a pena visitá-lo. • http://ragegenerator.com/ Com a onda dos "memes", os alunos vão gostar de criar seu próprio material, utilizando essas figuras.

Issuu – Criação de revistas, livros e jornais eletrônicos[2]. www.issuu.com Pode-se fazer o *upload* de arquivos já prontos e permitir que outras pessoas visualizem, comentem, avaliem e façam *download* do material.

Prezi – Para criação de apresentações não lineares que podem ser criadas e armazenadas diretamente na *web*. http://prezi.com/ No próprio *site* (em inglês) há vídeos de tutoriais sobre como utilizar essa ferramenta. Pode-se importar os *slides* diretamente do *PowerPoint* para esse *software*.

SlideShare – É considerado o *YouTube* das apresentações *online*. Para postar apresentações (como em *PowerPoint*, por exemplo) é

---

2 Para a criação de *e-Books*, ou livros eletrônicos, há várias opções na *internet*. No livro, sugerimos a criação em arquivos em pdf (cria-se no *Word* e, depois, pode-se transformar o arquivo em pdf e disponibilizar para *download* no *Blog* ou mesmo no grupo do *Facebook,* se o professor preferir). Também sugerimos a criação de *e-Books* através do *PowerPoint*, pois a inserção de *hiperlinks* favorece uma navegação tranquila pelo conteúdo.

necessário ter uma conta. Mas, isso é rápido, fácil, gratuito e ainda permite fazer *download* de apresentações pelas quais você se interessar. Pode-se, ainda, incorporar vídeos nas apresentações. http://www.slideshare.net/ • http://www.slideshare.net/henriquepuccini/slide-share-humantech A apresentação, disponível no próprio *SlideShare*, mostra o que é essa ferramenta e como utilizá-la.

Wallwisher – Criação de um mural *online* para *brainstorming*, debates, tomada de notas, planejamento de atividades, criação de quadro de notícias etc. • http://wallwisher.com/ Na página principal (em inglês) há exemplos dos vários usos dessa ferramenta.

Wikijornal – *Site* gratuito que permite a criação colaborativa de jornal *online*. http://www.wikijornal.com/ O conteúdo (artigos e comentários) só é publicado com a autorização de um administrador. O professor (ou professores) da escola podem ser os administradores e os alunos de uma ou mais turmas podem ser incluídos como redatores dos artigos. Fácil de utilizar.

YouTube – Pode-se criar um só canal para todos os vídeos dos alunos ou sugerir que eles mesmos postem seus vídeos em suas contas e compartilhem com a turma. http://www.youtube.com/

COLEÇÃO PRATICANDO O BEM-ESTAR

Caderno de exercícios para superar as crises
Jacques de Coulon
Caderno de exercícios para aumentar a autoestima
Rosette Poletti, Barbara Dobbs
Caderno de exercícios para saber desapegar-se
Rosette Poletti, Barbara Dobbs
Caderno de exercícios para aprender a ser feliz
Yves-Alexandre Thalmann
Caderno de exercícios para descobrir seus talentos ocultos
Xavier Cornette de Saint Cyr
Caderno de exercícios de meditação no cotidiano
Marc de Smedt
Caderno de exercícios de inteligência emocional
Ilios Kotsou
Caderno de exercícios para ficar zen em um mundo agitado
Erik Pigani
Caderno de exercícios para cultivar a alegria de viver no cotidiano
Anne van Stappen
Caderno de exercícios para cuidar de si mesmo
Anne van Stappen
Caderno de exercícios para desacelerar quando tudo vai rápido demais
Erik Pigani
Caderno de exercícios de e dicas para fazer amigos e ampliar suas relações
Odile Lamourère

EDITORA VOZES

Conecte-se conosco:

 facebook.com/editoravozes

 @editoravozes

 @editora_vozes

 youtube.com/editoravozes

+55 24 2233-9033

www.vozes.com.br

Conheça nossas lojas:

www.livrariavozes.com.br

Belo Horizonte – Brasília – Campinas – Cuiabá – Curitiba
Fortaleza – Juiz de Fora – Petrópolis – Recife – São Paulo

  Vozes de Bolso

EDITORA VOZES LTDA.
Rua Frei Luís, 100 – Centro – Cep 25689-900 – Petrópolis, RJ
Tel.: (24) 2233-9000 – E-mail: vendas@vozes.com.br